仕事が変わる!
「アゲる」質問

元インテル株式会社執行役員
板越正彦

きずな出版

「生産性が上がらない」

「部下の仕事のスピードが遅い」

「チームのモチベーションが上がらない」

そんな悩みをすべて解決する「アゲる質問」というメソッドがあります。

「アゲる質問」は次の5つ。

①サクサク決断法

②タラレバ突破法

③やりきる力強化法

④原因深掘り法

⑤やる気スイッチ発見法

……気になりますか?

では、詳しくは本編にて。

はじめに

「宿題はもう終わったの？」

誰しも、子どものころに一度は耳にしている質問です。

あなたも、このひと言を言われたとたん、どんなに上機嫌でも一気に気持ちは落ち込んだのではないでしょうか。

「あとでやろう」と思っていても、急にやる気を失います。

なぜなら、これは典型的な「サゲる質問」だからです。

質問には「アゲる質問」と「サゲる質問」があります。

あなたは毎日さまざまな質問をしたり、質問されたりしていると思います。そして毎日、心の中で「サガるわ」「全然アガらない」とつぶやいているかもしれません。

たったひと言だけで気持ちやモチベーションが上がり、仕事の生産性やスピードまで上

がる質問のことを、私は「アゲる質問」と呼んでいます。反対に、たったひと言でやる気やモチベーションを奪い、生産性やスピードを激減させるのが「サゲる質問」です。

それでは、冒頭の質問はなぜサゲるのでしょうか。それは、強制や批判のニュアンスが含まれる質問で、本人の痛いところを突くからです。

代わりに、こう聞いたらどうでしょうか。

「今日はどんな宿題が出たの？」

この質問なら宿題に注意が向きつつも、強制にも批判にもならず、関心を持っていることが伝わるので、子どもの気持ちはサガらないでしょう。

それから「で、いつやるの？」などと急かさずに「宿題が終わったら、何をしようか？」と未来に目を向けさせたら、自ら机に向かうと思います。

質問の仕方をちょっと変えただけで、まったく効果が違います。

これは子どもの例ですが、あなたのまわりの上司や同僚、友人に、一緒にいるとなんとなく楽しく前向きになれる人がいませんか？

その人は自然に「アゲる質問」を使っているのかもしれません。

最近は、スポーツ界のパワハラが問題になっています。

そこで使われるのは「サゲる質問」のオンパレードです。

「お前、やる気あるのか？」

「気合が足りないんじゃない？」

「もうやめたら？」

このような言葉で気合が入り、やる気が出たのは昔の話です。いまはアメリカの軍隊ですら、言葉で精神的に追い込む訓練からの脱却を図っています。

ビジネスの世界では、バブル崩壊後に、叱って育てる方式ではうまくいかないと気づき、コーチングを導入する企業が増えました。

しかし、コーチングや部下指導のセミナーを受けたり、本を読んでも、イマイチ効果が出ない方も多いのではないでしょうか。

その原因の多くは、質問の仕方にあるのです。

質問形式にはなっているけれども、単に批判していたり相手を問いただしたら、かえって追い詰めてしまうだけです。知らないうちに「サゲる質問」をして、相手のやる気やモチベーションをそいでしまいます。

じつは、かつての私はそうやって部下をつぶしてしまっていました。

私はインテルで21年間働き、本部長にまで昇格しました。**万能感に酔いしれていた私は、とことん「サゲる質問」をして部下を追い込んでしまいました。その結果、部下指導で最低の評価になり、クビ寸前になったのです。**

窮地《きゅうち》に陥《おちい》った私を救ってくれたのが、コーチングでした。

アメリカのエグゼクティブが受けているコーチングを学び、自分の態度を改めて、部下との信頼関係を取り戻せたのです。

ただ、コーチングで使う質問は多く、覚えて使いこなせるようになるまでに時間がかかります。コーチングでおなじみの「君はどう思う?」「どうしたいの?」という質問も、いまの若い世代はあまりにも連発されるとプレッシャーを感じるので、追い詰めてしまうことにも気づきました。

そこで、私は独自に5つの質問に絞ることにしました。

それが本書でご紹介する、

① サクサク決断法
② タラレバ突破法
③ やりきる力強化法
④ 原因深掘り法
⑤ やる気スイッチ発見法

の5つです。

この5つの質問法を駆使すれば、部下のやる気やモチベーションをアップし、仕事の生産性もアゲることができるのです。

たったひと言の質問で、感情だけではなく仕事の能率も変わるなんて信じられないと思う方は、ぜひ「アゲる質問」を試してみてください。きっと驚くような効果を実感できると思います。

そして「アゲる質問」は自分自身にも使えます。

どうもイライラするときや、仕事に身が入らないときは、自分自身に「アゲる質問」をしてみてください。ポジティブになり、目の前の霧が晴れて、解決策が見つかるかもしれません。

本書が、部下にうまく指導できなかったり、チームがまとまらなかったり、自分自身も伸び悩んでいる方の悩みを解決するための一助になると幸いです。

さて、本編に入る前に、皆さんにひとつ質問をします。

「この本を読むことで、あなたの未来はどう変わりましたか？」

本書を読み終えたときに、この答えが見つかり、アガっていることを祈っております。

目次

第1章 生産性、スピード、モチベーションが劇的に上がる「アゲる質問」とは?

第2章 人を動かす質問の「5つのルール」

第3章

生産性を上げる質問の「4ステップ」

第4章

アゲる質問の「5つの技術」

第5章

自分のためのアゲる質問「セルフコーチング」

仕事が変わる！「アゲる」質問

第1章

生産性、スピード、モチベーションが劇的に上がる「アゲる質問」とは？

最高の手法は「アゲる質問×コーチング」である

私はいままで、「うちの部下は、どうも自分から積極的に動いてくれない」と嘆いている大勢の上司の方々にお会いしてきました。

そんな話を聞いていて、いつも思うのは、「動いてくれない」のではなく、**「部下が動かないようにしている（部下が動きたくても動けない）」**のではないかな、ということです。

どの上司も、何とか部下に仕事を進めてほしくてアドバイスしたり、進捗《しんちょく》状況を尋ねたり、褒《ほ》めたくないのに褒めたり、モチベーションを上げたり……あらゆる努力をされているでしょう。部下の指導法の本を一生懸命探して読んだり、セミナーに通っている方も多数いると思います。

それでも、部下はなかなか思うように動いてくれない。

そこで必要なのが「コーチング」です。

コーチングとは〝相手に問いかけることで、答えを自分で気づいてもらう〟育成方法です。ただし、その質問の仕方は簡単ではありません。相手にまったく響かないこともあれば、かえって相手を追い詰めることもあります。

私は長年のコーチング経験を通して、なぜこのようなことになるのか考えてきました。

そのなかで〝質問の仕方〟こそが最大の問題なのだと思い至ったのです。

そこで、誰でもどんな場面でも使えるような方法として考えたのが、

「アゲる質問×コーチング」

です。

「アゲる質問」とは、仕事の生産性を上げ、スピードを上げ、やる気やモチベーションを上げる、画期的な質問法です。

詳細は4章でご紹介しますが、5つの質問の仕方さえ身につければ、これまで動かなか

った部下を動かせるようになるでしょう。

5つの質問を身につける前に知っていただきたいのは、**質問には「アゲる質問」と「サゲる質問」がある**ということです。

たとえば部下が、明日必要な会議の資料ができていないのに、急ぐ必要がない出張の報告書をつくっていたとします。あなたは部下にどう伝えますか？

①「報告書なんて後でいいから先に会議の資料つくれよ。そんなこともわからないの？」

②「なんで報告書を先にやるのかな？　会議の資料を先につくったほうが、いいんじゃないの？」

③「いま一番チームに貢献できる作業はどれだと思う？」

①は問題外です。部下にパワハラ認定されるかもしれません。さすがに最近は、こういうタイプは少なくなっているのではないでしょうか。

②は一見問題はなさそうですが、典型的な「サゲる質問」です。「サゲる質問」は、相手の生産性を下げ、モチベーションを下げ、仕事のクオリティも下げる……マイナスにばかり作用する質問を意味します。

最近は、部下を頭ごなしに怒ってはいけないと言われるようになり、相手に問いかけてコミュニケーションを取るというコーチングの手法が浸透してきました。

しかし、多くの人はこのようなサゲる質問を使って問いかけています。質問形式になっているけれども、否定と批判が透けて見えますよね。しかも上司が答えを与えてしまっている。「なんちゃってコーチング」でありがちなケースです。

③が「アゲる質問」です。

上司から答えを示さずに部下に考えさせる。これが重要なのです。自分で考えて自分で行動を起こそうと思わない限り、生産性は上げられません。

さらに、「貢献できる」というポジティブな表現を使うことで、否定的なニュアンスを排することができます。

これを、「いま、一番チームが必要としている作業はどれ？」という表現にすると、押しつけがましい感じがしてしまいます。

ちょっとした表現を変えるだけで、部下を動かす力のある質問にできるのです。

これからの上司の役割は、仕事の生産性を高めるため、部下に意図的に効果的な質問を投げかけること。それさえすれば、最速で成果を得られます。

POINT

質問には「アゲる質問」と「サゲる質問」がある

私たちは、気づかないうちに「サゲる質問」を使っている

「質問なら、自分も部下に対していつも投げかけている」

そう思う方も多いでしょう。けれども、それはたいてい「サゲる質問」になっています。

「なんで失敗したの？」

「そんなこともわからないの？」

このように、自分でも気づかないうちに「サゲる質問」を投げかけて、部下のやる気をザクザクと削ってしまうのです。

「サゲる質問」には特徴があります。

相手を責めているつもりはなくても、相手に「怒られている」「批判されている」「見下されている」と感じさせてしまうということです。

いまの若手リーダーは、私たちの世代とは違って、優しくて相手の気持ちを考えられる人が大半です。

相手の気持ちを知ろうとするあまり、やってしまっているのが「サゲる質問」です。

詳しく事情を聞こうと、

「どうして、そんなことをしたの?」

「それでいいと思っているの?」

と、次々質問を投げかけていると、相手は悪いことをして尋問を受けているような気分になります。そうなったら部下は萎縮して、自主的に行動しなくなるでしょう。

本当は、ここで質問の仕方をちょっと変えるだけで、やる気もモチベーションもアゲることができるのです。

それだけで部下が自発的に動くようになるなんて、信じられないでしょう。

しかし、インテル時代に誰よりも部下に「サゲる質問」ばかりしていた私が、チームの生産性を劇的に上げられるようになったのは「アゲる質問」のおかげです。

生産性を上げるために最新式のシステムを導入したり、会議の時間を減らしたり、さまざまな改革を試みている企業は多くあります。

それらの改革も大事ですが、それ以前に**「アゲる質問」によるコーチングをするだけで生産性が上がる**のだと、知っていただきたいと思います。

私は、これからの時代は「母親型リーダー」が求められると思っています。

私がインテル時代にやっていたのは「父親型リーダー」です。常に部下を引っ張って、自分の背中を見せればついてくるものだと思っていました。

だから、**「それぐらい、自分で考えてよ」「優秀な人は評価するけれど、そうではない人は自分でなんとかして」**と部下を突き放していました。

声を荒らげて、**「なんで、こんなことをしたんだよ!」**と怒ってばかりの、まさに鬼上司。部下も私の顔色をうかがって、オドオドしていました。

しかし、いまの時代に恐怖心で支配する父親型リーダーは求められていません。あのころの私は、いまだったら完全にパワハラで問題になっていたでしょう。

対して母親型リーダーに求められるのは、相手に手を差し伸べる優しさです。

部下が元気なかったら「体調悪いの？」と気遣い、仕事で悩んでいる様子なら「なにか問題があるの？」と悩みを聞くような、きめこまやかなフォローをするのが母親型リーダーの役割です。

つまり、グイグイ引っ張るリーダーではなく、サポーターになるということです。

私のようなバブル世代が母親型リーダーになるのはなかなか難しいですが、20代、30代は比較的に思いやりがあって優しい人が多いので、母親型リーダーが向いているのではないかな、と思います。

何より、母親型リーダーのいいところはエネルギーをあまり使わなくてすむところです。私は毎日のように職場で怒鳴り散らしていたので、相当エネルギーを使っていましたし、怒れば怒るほど余計にストレスがたまっていました。

そのストレスを解消するために、毎晩のようにいい気になって飲み歩いたり、説教や過去の自慢話をしたりしていたので、精神的にも金銭的にも消耗しっぱなしでした。

母親型リーダーは、応援したり導く役割なので、自分自身を消耗しません。そのぶん自分の業務に集中できますし、ストレスもたまらないでしょう。**いまの時代に合った、エコでコスパのいい指導法なのです。**

ただし、甘やかすだけの過保護な母親になってはいけません。

なんでも手を差し伸べようとすると、部下は指示待ちで、上司に依存するようになるでしょう。上司も構いすぎると、部下が自分の考えている通りに行動しなかったときに、「**どうして言われた通りにしないんだ!**」と責めてしまいがちです。

そんなとき、ほどよい距離感を保つのに最適なのが「アゲる質問」です。

「アゲる質問」をすると、相手は自分が関心を持ってもらっていると感じて、心を開いてくれます。

たいていチームの生産性が落ちている理由はコミュニケーション不足ですから、**日常的に「アゲる質問」を投げかけているだけで、仕事が効率よく進むようになります。**

さらに、質問をすれば答えは相手が考えるので、上司が世話を焼きすぎるということもありません。

上司はつかず離れずの距離感で、走っている部下をサポートするだけで充分なのです。

そして、「アゲる質問」は自分に対しても使えます。

自分の仕事の生産性が落ちているときや、モチベーションが落ちているときに、自分自身に「アゲる質問」を投げかけてみれば、気分がアガり、やる気が出てくるでしょう。

なお、父親型・母親型という話をすると「うちはおかんが怖い」「うちは親父のほうが優しい」というご意見をいただくことがありますが、そこは大目に見ていただきたいと思います。

POINT

「サゲる質問」はせず、母親型リーダーを目指せ

質問するのが下手だった、インテルのエリート本部長

いまでこそ「アゲる質問」ができる私も、昔は〝サゲる質問大王〟でした。質問下手どころか、部下をつぶしまくる「サゲる質問」ばかりして、詰めていたのです。

私はインテルに21年間勤めていて、あちこちの部署を渡り歩いたのですが、日本の本社で本部長に抜擢《ばってき》されたとき、かなり苦労しました。

直属の部下は10人ぐらいと、決して人数は多くなかったものの、かなりとんがったタイプばかりでした。アメリカに留学していた高学歴の帰国子女や、専門知識を持つプライドの高い人ばかりなので、自己主張が激しく、人の言うことは聞かない……。

上司である私の意見にも耳を貸さず、自分のやりたいように進めるので、職場は毎日大混乱でした。

私も最初のうちは、「プレジデント」や「日経ビジネス」などを読んで、よい上司になろうと努めていました。自分の考えをわかってもらおうと何度も説明しましたし、褒めて育てようと実践していた時期もあります。

しかし、部下は全然変わらない。成果も出ない――。

そこで、私は自分流にやることにしました。

何回教えても仕事を覚えない部下に対しては、

「もう何度も教えたよね？　こんなこともわからないの？」

と非難しました。部下が目標を達成しなかったら、

「なぜ達成できなかったの？　なにが原因？」

と問い詰めました。

そう、これらはすべて「サゲる質問」です。チームの雰囲気はいつもピリピリしていましたが、自分ではいい緊張感だと思っていました。

さらに、部下の書いた企画書の出来が悪いと、

「こんなんじゃダメ。意味わからない。やり直し」

と目の前で破り捨てていたのです。いま思い出しても、最悪な上司ですね。

じつは、このときの部署の業績は下がるどころか劇的にアップしました。上司からも褒められ、私は有頂天になり、自分のやり方は正しかったんだと思いました。

ところが、360度評価で、私に対する部下の評価は散々だったのです。

「全然話を聞いてくれない」
「報告をするとき何も反応がないので、テレビの前で話しているような気分になる」
「一緒に南極に行きたくない」

そんなコメントを読むにつれ、自分が青ざめていくのがわかりました。

一緒に南極に行きたくないということは、全然信用できない人間、大っ嫌いだという意思表示です。自分がそこまで部下に嫌われているとは思ってもみなかったのです。

仕事がうまくいっているので、謙虚にふりかえり、自己否定しなくなっていました。

おそらく、そのままの指導をあと1年間続けていたら、部署の業績は一気に落ち込んでクビになっていたでしょう。**恐怖政治が通用するのはせいぜい1年ぐらいです。**部下は次々に辞めていき、業務が回らなくなっていたかもしれません。

そこで猛省《もうせい》してコーチングの講座を受け、部下とのコミュニケーションの取り方を変えてみました。

すると、1年後には部下の評価がグッとよくなったのです。

部下とのコミュニケーションで一番意識したのは、質問の投げかけ方です。

そもそもミスをした部下に、「なんで失敗したんだ」と問い詰めたところで、本人も「失敗をしたくてしたんじゃないんだけど……」と、やる気もモチベーションも下がります。

大事なのは、なぜ失敗をしたかではなく、次にどうすれば防げるのか。

「もし、もう一度チャレンジするとしたら、どんな方法でやってみる？」

こんな質問に変えてみたら、部下は自分で解決策を考えて実行するようになりました。

そのとき、「質問を変えるだけで、こんなに部下が動くようになるなんて」「あんなに必死で説得したり、怒ったりしていた自分はなんだったんだろう」とつくづく思いました。

自分自身が、生産性の悪い指導をしていたということです。

生産性を上げる質問と聞くと、難しそうに感じるかもしれませんが、決してそんなことはありません。

私がいままで実践してきたなかで、本書ではとくに効果のあった質問法をご紹介します。それをアレンジしながら実践してみれば、部下の生産性も、自分の生産性も、劇的に上げることができるでしょう。

POINT

「なぜ失敗したか」ではなく「次にどうすれば防げるか」を質問しよう

質問の技術が、仕事の生産性を劇的に変えた

私はインテル時代にコーチングのセミナーを受けて、講師からこう言われました。

「リーダーになると役を演じなくてはならないんですよ。板越さん、役者になるんです。自分が心から部下を認められなくても、演じればいいんです」

これは目からウロコの言葉でした。

私はそれまで、部下の仕事の出来がイマイチだと「ここをこうしたら、もっとよくなるのに」と、素の自分で思ったことを直球でぶつけていました。

できていない部分を素直に指摘するのは部下のためだと思っていたのですが、部下は非

難されて責められているように感じたのでしょう。一向に、私が求めているレベルにはできるようになりませんでした。

結局のところ、人は論理より感情で動くものなのです。

それに気づいてから、私は〝上司という役〟に徹するようになりました。

リーダーの使命は生産性や効率、志気、モチベーションを上げること。質問の目的も同じです。

たとえば、仕事量が多いから仕事が終わらない、と部下が嘆いているとき。

「いやいや、ダラダラやっているから仕事が終わらないだけでしょ？　オレはその倍の仕事をこなしてるよ」

と思ったとしても、本音をグッと飲み込んでこう問いかけてみたのです。

「どうして仕事が終わらないんだろう？」

最初は、こんな質問をしたところで部下はどうせ言い訳ばかりをして、何も変わらないだろうと思っていました。

実際に部下は、

「どうしてって……仕事量が多いからです」

と答えました。

そこで、さらに
「それじゃあ、予定通りに終わらせるには、どうすればいいんだろう？」

と質問をしてみると、部下は考え込んだのです。


「A社に出す提案書を来週に延ばせるんなら、なんとかなるかと……」

「来週でもいいよ。次の打ち合わせまでにあればいいんだから」

「ハイ。それならだいぶ楽になります」

「ほかの仕事は間に合うかな？」

「ハイ、間に合います」


そんな会話を交わすと、その部下はその週は予定通りに仕事を終えました。

いままで、「あの仕事は？」↓「まだできてません」↓「なぜできていないんだ！」というギスギスした会話ばかりしていたのに……やがて部下たちとの人間関係はよくなり、職場の雰囲気も改善しました。

このとき、「アゲる質問×コーチング」の効果を実感したのです。

「どうして」「どのように」と繰り返し質問を投げかけると、仕事の生産性を妨《さまた》げている本当の原因に突き当たります。これを私は「原因深掘り法」（第4章参照）と名付けました。

この部下の場合、仕事量が多いのが本当の原因ではなく、仕事の進め方に問題がありました。仕事の優先順位のつけ方がうまくいっていなかったのです。

そういう人に対して、**「時間が足りないんじゃなくて、優先順位のつけ方が下手なんじゃない？」**と正論を言ったところで反発するだけで改めないでしょう。これは「サゲる質問」です。答えを与えるより、答えを自分で考えさせ、納得させるほうが人は自分で動くのだと、私は「アゲる質問」を通して気づきました。

また、人は一度なにかをやろうと決めたら、最後まで一貫性をもった行動をとろうとします。これは心理学やマーケティングの世界では、「一貫性の原理（フット・イン・ザ・ドア・テクニック）」と呼ばれています。

A社の提案書の期限を延ばしたら他の仕事は間に合うと自分で決めたのだから、間に合わせる。私があれこれ口を出すより、このほうが確実に部下を動かせる方法なのです。

そもそも指示したことをやっていなかったら、期待していたぶん怒りも倍増します。指示をしなくてよくなってから、自分のストレスも減り、なにより怒っている時間が減った結果、自分の仕事の生産性も上がったという予想外の効果もありました。

「アゲる質問×コーチング」は、自分とチームの生産性を上げ、気持ちよく仕事をするためにきっと役立ちます。

POINT

「上司という役を演じる」という意識を持つ

質問は〝思い込みの壁〟を超えるきっかけになる

人には思考のクセがあります。「私はなにをやっても成功しない」「モテないのは顔のせい」といった思い込みや先入観は、生産性を妨げる原因のひとつ。

思考のクセがついていると、思い込みの枠ができてしまいます。思い込みの枠が狭ければ狭いほど、思考停止に陥るようになります。

「私は仕事ができない」

↓

「だから、なにをやってもムダ」

このように、思い込みの枠が狭い人はネガティブ度も高くなります。

この状態でいくら説教しても効果はありません。

私なら、思い込みの枠が狭くなっている相手には、こう問いかけます。

「どうして仕事ができないと思うのかな？」

仕事ができないといっても、できない原因はさまざまです。

それをひとくくりにしていると、なにも解決せず、思考停止に陥ったまま。

まずはできない原因を因数分解してもらうのです。

たとえば、

「仕事を覚えるのが遅いし……」

と相手が答えたとしましょう。その際は、

「時間はかかっても覚えられるんだよね。実際半年前に比べると、これとこれはできるようになっているよ。じゃあ、その覚える時間を短縮するにはなにをすればいいと思う？」

と、さらに聞きます。

そうすれば、相手は「メモを何度も見返す」「シミュレーションや反復をする」など、方法を考えるでしょう。方法はなんでもいいのです。いままで解決策はないと思って自分を止めていたのに、方法はあると気づくのが重要なのですから。

「私は仕事ができない」
←
「仕事を覚えるのが遅い」
←
「でも、時間をかければ覚えられる」
←
「それなら覚えるまでの時間を短縮すればいい」
←
「メモを何度も見返してみよう」

思い込みの枠が外れれば、ここまで思考を広げることができます。

そして、「人に言われたのではなく、自分で言ったのだからやるしかない」という状況にするのです。そうすれば成功しても失敗しても前向きになれます。

思い込みの枠は、仕事がうまくいってないときばかりだけではなく、成功体験を積んだときもできやすくなります。

じつは、うまくいっているときのほうが思い込みの枠を外すのは厄介です。

「このやり方は絶対に正しい」

「いままでのやり方でやっていれば、うまくいく」

こういった思考のクセは自信にもつながっているので、簡単にはなくせません。

説得しようと、

「時代が変わってるんだから、いままでの方法ではうまくいかなくなっているんだ」

と正論を説いても、なかなか受け入れられないでしょう。

こういう場面でも有効なのは、「アゲる質問×コーチング」です。

このやり方は絶対に正しい、と信じ込んでいる相手には、

「本当にそれが最善の方法かな?」

「2番目にいい方法はなんだろう?」

と、ひと言聞いてみるのです。

「たしかに、最善か? と言われたら、どうだろう……」

と、相手の中に迷いが生まれるでしょう。

さらに2番目を考えるとほかの方法にも目を向けられるので、枠が広がります。思考が広がればアイデアも出るでしょうし、臨機応変に対応できるので仕事も速くなります。

相手の行動を変えたいのなら、まずは思い込みの枠を外すのが最適なのです。


そして、自分にも「アゲる質問」をしてみてください。

仕事がつまらない、と投げ出したくなったのなら、

「この仕事をやっていて、一番嬉しかったことはなんだろう?」

と問いかけてみる。

嬉しかった体験が一度もないということはないでしょうから、お客様に感謝された、上

司にがんばったことを褒めてもらえた、目標を初めて達成できたなど、なにかしら思い浮かぶはずです。

思い浮かんだら、

「もう一度、目標を達成するためにはどうしたらいいんだろう？」

とさらに問いかけてみる。

そうすれば、自分を止めていたものがなくなり、再び仕事に対する意欲が湧いてくるでしょう。

POINT

自分自身にも「アゲる質問」をする

人を動かす質問で〝いま〟やるべきことを明確にする

人は基本的にナマケモノなので、面倒な仕事や時間がかかりそうな仕事を、つい先延ばしにしてしまいます。

しかし、そういう仕事こそ重要度が高いもの。それを相手が理解していないと、欲しいタイミングでできていなかった、ということになりかねません。

たとえば、

「これ、すぐにやっておいて」

と頼んだ仕事なのに、

「まだできていません」

と平気で言う部下。怒りがマックスになりそうな場面です。

「君にとっての『すぐ』って、どれぐらいの感覚なの？　3日とか？」
と、思わず「サゲる質問」をしてしまいそうですが、ここはグッと堪《こら》えて、アゲる質問を投げかけてみましょう。

「もし、いま30分しかなかったら、なにから手をつける？」

これは、制約を設けることで、いまやるべき仕事を選ばせる「サクサク決断法」と私が呼んでいる方法です（第4章参照）。

仕事を後回しにするタイプに「すぐ」「早く」「なる早」という表現を使っても、先延ばししてしまうので、「まだできていません」となります。

「今日の15時までに」と締め切りを設けるのももちろん有効ですが、いつも先手を打って考えるのは上司にとって面倒ではあります。

部下にとっても、毎回締め切りを言い渡されたら、やらされ感が増すばかりでしょう。

やはり、自分で考えて行動できるようになってもらうのが理想的です。

そのためにも、「アゲる質問」で、すぐに着手するクセをつけさせるのです。

仕事をお願いした段階で、

「どの仕事からやろうとしている?」

と聞いてみてもいいかもしれません。

部下が、

「先週頼まれたデータを調べようと思って」

などと、自分の思惑とは違う回答をしたのなら、

「午前中で仕事を終わらせるとしたら、いますぐしなければならないことはなにかな?」

のように制約を設けるのです。

部下は自分の頭の中で仕事を整理して、すぐに取り掛からなければならない仕事を選ぶでしょう。


仕事を後回しにする人は、仕事の全体像が見えていない傾向があるので、サクサク決断法が効果を発揮します。

「どうしてもいま、やらなければならないことはなにかな?」
「いま一番の課題はなにかな?」

このような「アゲる質問」を投げかけると〝いま〟に目を向けられるようになります。目の前のことに集中できるようになると、仕事のスピードも上がるでしょう。
「アゲる質問」は、一度でさまざまな効果を生み出すのです。

POINT

サクサク決断法を駆使して〝いま〟やらせる

コミュ障の人ほど「アゲる質問×コーチング」が向いている

「コミュ障の人はリーダーには向いていない」

よく言われることですが、それは本当でしょうか。

「会話が盛り上がらない」「流暢《りゅうちょう》に話せない」「なにを話したらいいかわからない」と悩んでいる人は大勢います。

私はこれを〝伝えなきゃいけない症候群〟と呼んでいます。

うまく話すことと、指導することは別の話です。しゃべりがうまい人が、よいリーダーとは限らないのです。

現代のリーダーはいわば「お世話係」を目指すべきで、ドラマに出てくる上司のようにグイグイ引っ張っていく必要はありません。

以前、若手リーダーから、

「入社して1年経った新人に、どうしたらやりがいを持ってもらえるんでしょうか？」

と相談されたことがあります。

彼女もコミュニケーションをとるのは苦手なほうで、部下を伸ばせないのは自分の伝え方に問題があると考えていたようです。

入社して1年目は、ある程度仕事ができるようになるものの、仕事に慣れてしまい「これぐらいでいいや」と慢心が生まれやすい時期でもあります。そのタイミングで、部下にモチベーションを保つようなアドバイスをしようとしている彼女は、リーダーとして優秀だと感じました。

そのとき私は、

「わからないなら、その新人さんに直接聞いてみたらどうですか？」

と答えました。そして、新人さんにどのように質問すればいいのか、私がアドバイスしたのは次の「アゲる質問」です。

「あなたが活き活きと働くためには、なにが必要ですか?」

実際に彼女は新人さんにこの質問をしてみたところ、

「もう少し大きな仕事にチャレンジしてみたい」

という答えが返ってきたそうです。

彼女は新人さんがなにを考えているかが明確にわかり、同時に対応方法もわかり喜んでいました。自分一人で悩んだり、周りに相談するよりも、本人に直接聞いてみるのが一番効果的だったんだと、大きな気づきがあったそうです。

ちなみに、このモチベーションを「アゲる質問」を、私は「やる気スイッチ発見法」と呼んでいます（第4章参照）。

モチベーションが落ちると仕事の生産性は下がりますし、スピードも落ちていきます。

最近「部下が元気ないな」とか「仕事がマンネリ化して飽きてるのかな」と感じたら、早い段階で、この「アゲる質問」をするのをおススメします。

なお、モチベーションが落ちている相手に、

「努力が足りないんじゃない？」

「やる気が出ないなんて、甘えてるんじゃない？」

など余計な言葉をかけないように注意してください。

これらはひと言でモチベーションを一気に落とす、まさに「サゲる質問」です。

かといって、

「普段のお前なら、そんなもんじゃないだろ」

「お前ならもっとできるはず」

といった励ましの言葉も、相手の心が閉じていると効果がなかったりします。

やはり本人に、自分の気持ちをアゲる答えを見つけてもらうのが一番なのです。

相手が実際に行動をして、初めていいアドバイスになります。

そのためには一つひとつ質問をしていけばいいので、たくさん会話を交わす必要はありません。答えを考える必要もなし。気の利いたトークもいりません。これなら、口下手な人でもリーダーをやっていけると、自信がつくのではないでしょうか。

また、モチベーションを上げる質問は、部下が問題を抱えているときだけではなく、部下がいい結果を出したときにも使ってほしい方法です。

いい結果を出しているときは、モチベーションが高まり、自信もついていますが、それをさらに高めて不動のものにするのです。

私がコーチングのアドバイスをしているベンチャー企業で、テレアポがなかなかうまく取れなくて悩んでいる新入社員がいました。その社員が初めて、テレアポで面談を決められたとき、喜んで報告してくれました。

そこで「どうしてアポが取れたんだと思う?」と聞いてみると、

「意外に、話しやすい相手の人とは自信を持ってたくさん話せました」

とのこと。さらに、

「じゃあ、その自信を増やすにはどうしたらいいと思う?」

と聞くと、

「もうちょっと商品の知識を持ったほうがいいと思います」

「相手によって伝え方を変えたらいいかもしれません」

と、自分で考えて、うまくいった経験から工夫し始めたのです。

このように「アゲる質問×コーチング」をうまく使うと、部下は自分の力でどんどん走っていくでしょう。

第4章に挙げる5つの方法を覚えるだけでいいので、「部下をうまく指導できるようになりたい」と、コミュニケーションセミナーに通う必要もありません。

ちなみに、その新入社員は、あんなにテレアポで悩んでいたのがウソのように、いまは楽しそうに毎回成果を報告してくれます。

POINT

本人が自分で気持ちをアゲられるように、うながす質問をする

「アゲる質問」は、問題を見える化してくれる

あなたのまわりに、同じミスを繰り返す人はいませんか？　いわゆるミスのリピーターです。おそらく、どこの職場でも2～3人はいるでしょう。

そういう人に対して、ついやってしまいがちなのは、**「なんで同じミスばっかり繰り返すの？　ちゃんと考えてやってる？」**という、「サゲる質問」です。

これはどんな言い方をしても破壊力バツグンで、語尾を「繰り返すのかな？」と変えたところで相手を追い詰めることには変わりません。「アゲる質問」を身につけるまで、私も相当この「サゲる質問」で、部下を破壊していました……。

同じミスを繰り返すのは、本当の問題が見えていないからです。

自分は気をつけているつもりでも、忙しいと作業が抜けてしまったり、注意されたこと

を真剣に受け止めていなかったり……理由は人それぞれですが、これは「アゲる質問」で事態を改善することができます。

たとえば、取引先に送るメールに間違いが多いとき。

相手の名前や社名を間違えた、添付ファイルを付け忘れた、送る相手を間違えてしまうといった誰でも経験しているミスがあります。

すぐに気づいて相手にお詫びメールを送れば大半は問題なく済みますが、何度も間違えていると**「この人は注意力が足りないのかもしれない」**と信頼を失う可能性もあります。場合によっては社外秘のメールを扱う場合もあるので、早めに対処したほうがいいケースです。

こういう場合は、

「メールを送るとき、一番大切なことはなんだと思う?」

と、私なら聞きます。

これはアゲる質問のうち、**「サクサク決断法」**になります。

たいていメールのミスが多い人は、最後に読み返していないことが多いと思います。

たとえば「即レスしたほうがいいと思って、すぐに送っている」と答えたのなら、「仕事の速さと正確さ、どっちが大事だと思う？　どちらがお客さまの信頼を得られると思う？」

という感じで、さらに質問をしてみるのです。

そのうえで、「どうすればミスを減らせると思う？」と聞いて、本人に方法を考えてもらえば、ミスは少なくなるはずです。

送信する前に印刷して確かめる。日時と名前だけは再確認する。このように、どんなに小さなことでも構いません。

自分で考えたことを試すことで、少しずつミス発見の確率が増えていけばＯＫです。

ミスが少なくなれば、作業効率は間違いなく上がるので、生産性も上げられるでしょう。

もちろん、メールのミスを減らす方法としては、ほかにも送る前に上司や周りの人に確認してもらうとか、いったん下書きファイルに入れておいて、時間をおいて読み直してから送るなど、生産性アップのさまざまな方法があります。

情報漏えいにつながる大事な問題なので、上司が自ら解決策を提案するのも、やむを得ないケースもあるでしょう。

そうだとしても、「仕事の速さと正確さ、どっちが大事？」のように、本質的な質問を投げかけて、普段から考えてもらう習慣をつけることに意味があるのです。

このように「アゲる質問」を繰り返すと、見えていない問題が見える化します。

いつも言われたことだけしかやってないような、性格に原因があるようなケースであっても「アゲる質問」をしていると「じつは仕事量が多すぎて、本人のキャパを超えていた」「そもそもプロセスが属人的で、まったく標準化されていなかった」という本当の問題が見えることもあるでしょう。

なお、「**原因深掘り法×サクサク決断法**」のように、いくつかの方法を組み合わせるのも効果的ですし、自由に組み合わせて使っていただきたいと思います。

POINT

「アゲる質問」は、問題の解決方法まで教えてくれる

「アゲる質問」で、仕事の任せ方が変わる

上司は自分が思っているほど、部下のことが実際は見えていないものです。

私がそれを実感したのは、インテル時代にコーチングを学んでから。

それまでは「あれやれ、これやれ」と命令して、できなかったら叱るという一方通行のコミュニケーションしか取っていませんでした。

部下が自分の望んでいるような資料をつくれなかったとき、以前は「ダメ、やり直し」と突き返していたのですが、あるとき、こんな質問を投げかけてみました。

「資料をつくっているときに、一番大変だったことはなんだろう?」

部下は戸惑いながらも、

「そもそも、どんな資料をつくればいいのか、わからなくて……」

と答えました。

これには「えっ、そこからわかってなかったの!?」と内心驚きました。

確かに、取引先に渡すときに使うのか、数人の前でプレゼンするために使うのか、会議で稟議《りんぎ》を通すための資料をつくるのかによって、つくり方が変わってきます。同じ企画であっても、ページ数も、資料に盛り込むポイントも変わるでしょう。

そんなことは当然わかっていると思っていたのですが、それはこちらがあらかじめ伝えておかないといけないことだと、そのとき気づきました。

仕事を何度もやり直しすると、そのぶん時間がかかります。

それも生産性を落とす原因のひとつ。

それを避けるために、仕事の指示を出した段階で、

「まず、なにから始める?」

と聞くだけで、**相手が指示の内容を理解しているかどうか**わかるようになりました。

「いまの話で、わからなかったことはあるかな?」

と聞く方法もありますが、なにがわかってないのかすらわからない状態になっているときは、相手は「ありません」と答えるしかないでしょう。

プライドが高いタイプの場合も「ありません」と答えるので、この質問は相手を選ばないといけないな、と感じました。

一方、「なにから始める?」と行動を聞くと、「まずは市場分析をして、それから競合相手を調べて……」と、必要な手順を考えて答えます。

そこで作業の手順が整理されるのです。

また、なにをすればいいのかわかってない人は、答えに詰まるでしょう。

その場合は、上司がやるべきことを教えてあげればいいのです。

「なにから始める?」に答えた相手に、さらに「その作業はいつまでにできる?」と聞いたら、作業時間を自分で区切ります。

この2つの質問だけで、作業のやり直しが減るし、締め切りまでに仕事を仕上げるので、スピードはぐんと上がりました。これが「アゲる質問」の効果です。

その後、資料づくりは、イメージの差分を埋めるだけになったので楽になりました。

また、こういうやりとりをするようになってから、自分はいかに部下のことが見えてなかったのか、そして自分の指示が曖昧《あいまい》だったのかを痛感しました。

同時に、「部下も意外と考えているんだな」と発見することもあります。

彼らの悩みや、進捗遅れの大半は、「自分の能力が足りないと思われることが恥ずかしい」という思いによって、気軽に質問・相談できないところからきているのだと、気がついたのです。

POINT

「アゲる質問×コーチング」は、相手を深く知るための方法でもある

やる気〝だけ〟はある人を「行動する人」に変える

仕事を抱え込む人も、チームの生産性を妨げるタイプです。

責任感があって丁寧に仕事はするのだけれども、こだわりが強くて納期までに仕事が終わらない。一生懸命やっているだけに、周囲も注意しづらいケースです。

「間に合わないいなら、早めに相談してほしかった」

このように言ったところで、相手は自分一人でなんとかなると思っているので効果はありません。かといって、こういうタイプは頑固でプライドが高いので、上司が、

「そのペースだと終わらないから、○○君にも手伝ってもらってよ」

と指示を出したら、とたんにモチベーションは急落します。

仕事のやる気はあるので、それをなくさないように方向を修正しないといけません。

こういうタイプは、モチベーション自体は上がっているので、作業の生産性を上げる質問が必要です。

「もし自分だけではその仕事を回せないとしたら、誰に頼むかな？」

これなら仮定の話をしているので、相手のプライドは傷つきません。

「自分だけでは回せないなら、小林君に頼みます。小林君は仕事が速いので」

などと、自分で答えを考えたのなら、行動に移しやすくなります。

このアゲる質問を「タラレバ突破法」と呼んでいます（**第4章参照**）。

「もし○○だったら、どうする？」のように前提条件を変えることで、視野を広げるのが狙いです。そうすれば行き詰まっている問題の突破口が見つかります。

コーチングでは、よく「視座《しざ》・視点を変える」という表現をします。視座とは物事を見る姿勢や立場のことで、視点は着目しているポイントです。

自分の立場から考えるか、お客さまの立場から考えるか、上司の立場から考えるか。同じ物事でも、立場によって、つまり視座によってとらえ方は変わります。

「もし、あなたが上司だったらどうする？」

「もし、あなたがお客さまの立場だったらどうしてほしい?」

と視座を変える質問をすることで、気づきを得られるのです。

仕事を抱え込む人は、たいてい視座が低くなっています。自分中心でしか物事を見ていないので、まわりにどういう迷惑をかけているのか、わからないのです。

視座が高くなると、まわりのことを考えられるようになるので、仕事が自分のところで止まらないように進行するようになるでしょう。仕事は一人で回すものではないのだと気づいてもらうためにも「アゲる質問」で視座を高くしてみてください。

さらに、自分の仕事が行き詰まっているときも視座が低くなっている可能性大です。

そういうときも、「もし、自分がお客さまだったら?」のように視座を変えてみると、突破口が見つかるかもしれません。

POINT

「タラレバ突破法」で視座を変えさせる

第2章

人を動かす質問の「5つのルール」

「アゲる質問×コーチング」で準備すること

「アゲる質問」は、仕事の最中に使えば効果はありますが、なかでも「1on1ミーティング」のときにぜひ取り入れていただきたい方法です。

「1on1ミーティング」とは、上司と部下が一対一でおこなう面談のこと。

私が在籍していたインテルでは、設立以来取り入れていましたし、アメリカのシリコンバレーの企業では主流になっています。

日本でも、ここ最近多くの企業で導入するようになってきました。

「1on1ミーティング」は週に一度、あるいは2週間に一度のペースでおこなうのが一般的です。時間は30分ほどで充分。

そこまで時間を取れないのなら、10分ぐらいでも構いません。

1on1の一番の目的は、部下起点のコミュニケーションを取ることです。

このとき、上司の気持ちは「本音を聞いて部下と信頼関係をつくりたい」であるのに対し、部下の気持ちは「当たり障りなく終わらせたい」というところでしょう。

この距離をいかに埋めるかが大事です。

そこで大切なのが「アゲる質問」の仕方です。

人は、嬉しいときや気持ちが上がったときに本音を話しやすいからです。

なお、1on1は必ずしも会議室などのあらたまった場でする必要はありません。

ランチを一緒に食べに行って「最近、仕事の調子はどう?」と聞いてみてもいいでしょうし、休憩時間に公園やカフェで軽く話をするだけでも充分効果はあります。相手が話しやすい場所を選ぶようにしましょう。

また、相手に心を開いてもらうためには、準備をして始めることが重要です。

準備といっても、簡単なポイントばかりですが、大事なのは相手にネガティブな感情を持たないこと。

たとえ相手に批判的な言葉を投げかけなくても、相手をよく思っていなければ態度や言葉の端々に必ず出ます。そうなると、相手との溝は深まるばかりです。

無理に相手を好きになる必要はありませんが、１on１のときだけでも気持ちを切り替え、相手の人となりや生活に興味関心を持つようにしましょう。

では実際に「アゲる質問×コーチング」をする際に準備することを、次に挙げてみます。

〈アゲる質問×コーチングの前に準備すること〉

- 呼吸を落ち着かせる
- 怖い表情や堅苦しい雰囲気になっていないか注意する
- 腕や足を組むのはＮＧ
- ゆっくり話す、声のトーンを落とす
- スマイル！
- 話を聞いているときは相槌を打つ
- 相手のいいところを思い出す

これらの準備が整ったら「アゲる質問×コーチング」をスタート。

このとき、次で挙げる「**5つのルール**」を心がけながら進めてみてください。「アゲる質問」は使い方を間違えると、「サゲる質問」になってしまう恐れがあります。

一つひとつは難しくありませんが、無意識のうちに、ついやってしまうこともありますから、慣れるまでルールを意識しましょう。

POINT

1on1ミーティングで「アゲる質問×コーチング」を取り入れる

ルール①

「7：3」の割合で、相手に話してもらう

面談では、上司が率先して話さなければならないというイメージがあります。

しかし「アゲる質問×コーチング」では、上司は聞き役に回るのが基本です。部の目標など、上司が伝えたいことは普段の会議で話せば充分。部下へのアドバイスも基本的には必要ありません。

それでは、なんのために「アゲる質問×コーチング」をするのか。

相手に、自分で答えを考えてもらうためです。

「アゲる質問×コーチング」を使うときは、とことん部下の考えを聞く時間なのだと考えてください。

したがって、話す割合は「部下7：上司3」ぐらいがベスト。「部下9：上司1」であ

って も構いません。

この割合を逆転させると、上司のほうがたくさんしゃべってしまうので、どうしても「上司に答えを与えられた」「上司の考えを押しつけられた」という感覚に陥ります。

そうなると「それは自分の考えたことではない」というフェイク（偽物）感が大きくなってしまいます。これでは「アゲる質問」の効果はなくなり、相手のテンションは下がります。

聞くだけなら簡単……と思うでしょう。

しかし、実際にやってみると意外に難しいものです。

たとえば、部下が取引先とトラブルを起こし、自分は悪くないと言い張っていたら、つい「いや、そうは言ってもね、普段のお前の仕事の仕方を見ていると……」と、小言を言いたくなるでしょう。

こういった思いをグッと堪えて、相手が何と言おうとじっくり話を聞く。

もちろん、話を遮《さえぎ》るのは完全にNGです。

「つまり、こういうことを言いたいんじゃないの？」

と推測して結論づけるのもダメ。

どんなにつたなくても、相手に自分の言葉で話してもらうのが大前提です。

取引先とトラブルを起こして、自分は悪くないと言い張っているのなら、ひとしきり話を聞いた段階で、

「それじゃあ、仮にスタートに戻れるとしたらなにをする?」**(タラレバ突破法)**

と、投げかけてみます。そうすれば相手も、

「**取引先との話は必ず文書にするようにします**」

といった解決策を、なにかしら考えるでしょう。

自分で答えを導いたのなら、次から行動は変わります。

それが「アゲる質問」の本来の目的です。

ここで注意したいのは、相手がなにかしら答えを導き出したのなら、決して否定しないこと。最後まで聞くことです。

「それはいいアイデアだね」「面白い考えだね」「いいね！」「それもひとつだね」など、相手の意見を受け止めたという表現をしてください。

そうすれば、相手は「**自分の考えを認めてもらえた**」と感じ、心を開いて、いろいろ話してくれるようになります。

経験則の多い上司としては、「いや、そうじゃなくてさ」とアドバイスをしたくなりますが、相手の意見を否定したら、次からは自分の意見を言わなくなります。

もし、部下の導き出した答えに明らかに問題があるのなら、

「そのアイデアのよい点と悪い点はなんだろう？」（**原因深掘り法**）

と本人に考えてもらいます。

そうすれば本人も問題に気づくでしょう。

問題に気づかないのだとしても、本人がそのアイデアをいいと思っているのなら、私だったら実際にやらせてみます。

このように「アゲる質問×コーチング」では、上司は要所要所で「アゲる質問」を投げかければいいだけです。

それなら毎週1回の1on1もできるのではないでしょうか。

ただし、全身が耳になったつもりで真剣に相手の話を聞くこと。

これを「傾聴」と言います。

つい聴きながら「次はなにを質問しようか」と考えたり、相手の話が長いと「この次のスケジュールはなんだっけ」などと余計なことを考えてしまいます。むろん、スマートフォンをいじりながら聞くのは論外です。

相手も、話を聞いてもらえていないのはなんとなくわかります。

それがわかると話す気がなくなるので、「あなたの話を私は聞いてますよ」というアピールをするためにも、7：3の7は、全力で話を聞くよう心がけてください。

そして一番大切なのは、沈黙を恐れず、相手が答えを考えている時間を大切にすること。

「アゲる質問」は、相手が即答できないような深い質問を投げかけることもあります。

相手はどう答えたらいいのか悩んで、15秒ぐらい沈黙しているかもしれません。30秒ぐらい沈黙していることもあるでしょう。

その場合も、じっと待つことです。

ただ、相手を凝視していると「**早く話さなきゃ**」と焦ってしまうので、水を飲んだりしながら「**待っているよ**」という姿勢を示すと、相手もゆっくり考えられます。

待ちきれずについ話してしまうと、相手の思考もそこで止まってしまうので気をつけましょう。

POINT

つたなくても、自分の言葉で話してもらう

ルール②

「クローズド」と「オープン」の質問を使い分ける

アゲる質問では、「クローズド（収束）質問」と「オープン（拡散）質問」の2つを使い分けて、相手に投げかけることが重要です。それぞれ説明していきます。

クローズド（収束）質問

クローズド質問は「イエス」か「ノー」で答えられる質問です。

「今日は月曜日ですか？」
「お腹は空いていますか？」

「なにか問題はありますか？」

などがクローズド質問になります。

答えはひとつしかありませんので、物事の白黒をハッキリさせることができます。相手の意思を確認したいとき、事実を確認したいとき、約束をしてもらうときなどに有効です。

一方で、答えが「イエス」か「ノー」しかないため、会話がすぐに終わってしまう、相手の思考が広がらないなどの難点があります。

「アゲる質問」でクローズド質問が効果的なのは、相手の意志や決意を確認するときです。

オープン質問で部下の考えや本音を引き出し、対応策まで考えたタイミングで、「明日から始められるかな？」「すぐにチェックできる？」のようなクローズド質問をすると、すぐに行動に移せます。

ただし、目の前の問題を急いで解決しようとするときに「問題はないの？」「それで本当にいいと思ってる？」のようなクローズド質問をされると、相手は否定されて問い詰められているような感覚になります。そのため、部下は自分の考えを言いづらくなってしまいます。

また、「今週中に完成するの？」「アポイントは取れているの？」などのクローズド質問ばかりで仕事の進捗だけを管理していると、部下は近視眼的に物事を捉えるようになります。大きな目標や全体のビジョンを考えずに、目の前の仕事だけをこなしていると、いつまで経っても部下が自分で考えて動くようにはなってくれません。

「アゲる質問」では、クローズド質問は意識して最小限にとどめましょう。

オープン（拡散）質問

オープン質問は、相手に自由に答えてもらう質問のこと。

相手が意見や考えを述べ、それに対して質問をし、さらに相手が考えを述べる……という具合に会話のキャッチボールが続きます。

「あなたの現在の悩みはなんですか？」

「あなたがいまの会社を選んだ理由はなんですか？」

「10年後、自分はどうなっていると思いますか？」

などがオープン質問です。

自由に話してもらうことで、相手の考えや本音を引き出すことができます。

会話のキャッチボールを続けるうちに、部下が深く考えたり、アイデアを広げたりすることにも役立つというメリットもあります。

デメリットは、相手が答えるのに時間がかかったり、なかなか答えが出てこなかったりすること。そのため、時間がないときや、急いで物事をハッキリさせる必要があるときには、あまり向きません。

「アゲる質問」では、このオープン質問をメインに使います。

オープン質問の基本形は「5W1H」です。

いつ（WHEN）、どこで（WHERE）、誰が（WHO）、なにを（WHAT）、なぜ（WHY）、どのように（HOW）。

どのような質問をすればいいのかわからないときは、5W1Hを使って質問してみてください。なお、オープン質問を続けていると、話が広がりすぎてしまうこともあります。

そのときはクローズド質問を使って、会話を終わらせましょう。

アゲる質問は5W1H

5W1Hは、皆さんもご存じの疑問詞です。

これらの疑問詞を質問に入れると、相手が具体的な考えやアイデアを導き出すようにうながすことができます。

■WHY（なぜ、どうして）

WHYは、相手の動機や行動の目的・理由などを確かめるときに適した疑問詞です。
「アゲる質問」では、真の原因を掘り下げる「原因深掘り法」でよく使います。
考えを深めたり、いままで考えが及ばなかった部分に気づかせ、何をするべきか明確にすることで、部下が実際の行動を起こしやすくなります。

ただし注意も必要です。WHYをストレートに使った「なぜ～できない？」は、つい言ってしまうフレーズですが、これは「サゲる質問」になります。

「なぜできないの？」「どうしてやらないの？」と問い詰めるような質問は、たとえ上司にそういう意図がなかったとしても、相手は批判されているように受け取ってしまいます。そうなると部下は自分の意見を言わなくなり、委縮してしまう恐れもあるのです。

WHYは、取り扱い注意の疑問詞だと覚えておきましょう。

否定的なニュアンスを弱めるために、

「なぜ～できない？」↓「どうすれば～できると思う？」「できない原因はなんだと思う？」

と言い換えると、同じ内容でも印象が変わります。

〈質問例〉

「そのやり方を選んだのはどうしてかな？」（**原因深掘り法**）

「そもそも、なぜその工程が必要なのかな？」（**原因深掘り法**）

■WHAT（なに、どんな）

WHATは、わからないモノ・コトを尋ねる疑問詞です。

「どんなもの？」「どんなこと？」「それはなに？」「なにをする？」と問いかけることで、曖昧になっている物事をハッキリとさせます。

「アゲる質問」では、

「優先して取りかかるべきことはなんだと思う？」**（サクサク決断法）**

「本当に、ほかになにかないんだっけ？」**（やりきる力強化法）※第4章参照**

という感じで、整理して優先順位を確認する場面にも使います。

WHATで質問することで、部下は具体的になにをすればいいかがわかるようになり、的確なアクションを起こすようになります。

〈質問例〉

「圧倒的な成果を出すには、どんな工夫が必要ですか？」（**やりきる力強化法**）
「すぐに解決するべき問題はなんですか？」（**サクサク決断法**）

■WHEN（いつ、どんなとき、どの時点で）

ＷＨＥＮは、具体的な時期や時間を限定します。「アゲる質問」では、ムダなく最短のタイミングで実際の行動に移すために必須の質問です。

「いつから始められる？」「いつまでにできる？」など、アイデアや結論が出たら、すかさず「いつ？」と聞くと期限を設けられます。締め切りを設けないと、仕事のスピードは上がらないので、「アゲる質問」の締めに使うのだと覚えておいてください。

また、

「最短でいつ判断できるかな？」（**やりきる力強化法**）
「どのタイミングで確定できる？」（**やりきる力強化法**）

など、時間と工程を結びつけることでスピードアップさせる効果も期待できます。

ただし、スピードを意識しすぎて仕事の質が落ちてしまったり、過剰な負荷がかかったりしないようにコントロールが必要になる場合もありますので、注意しましょう。

〈質問例〉
「最近、それができていたのはいつ？」（**原因深掘り法**）
「いつまでに、それを終えますか？」（**やりきる力強化法**）

■WHERE（どこで、どんな点で、どういう立場で）

WHEREは場所、エリアを限定する質問。

「アゲる質問」では、WHENと組み合わせて「いつ」「どこで」という質問でポイントを絞ると、部下が具体的な行動をイメージして動きやすくなります。

また、たとえばトラブルが起きた場合は、

「どの時点で問題が起きるの？」

「どういう立場をとるのが最善だと思う？」

など、より詳細で具体的な情報を引き出すのにも有効です。

〈質問例〉

「それはどこで知った情報ですか？」（**原因深掘り法**）

「プロモーションを始めるとしたら、どこが最適だと思う？」（**タラレバ突破法**）

■WHO（誰が）

WHOは、特定の人物やグループ、共通の特性を持つ人々などを尋ねる疑問詞。

「アゲる質問」では、「それは誰がやるのが適しているの？」のように、戦略を立て成果を上げるための質問になります。

しかし、「誰に責任があるの？」「誰がやっていないの？」のように、人をターゲットにして問い詰めるのは「サゲる質問」になります。この場合は「失敗の原因はなんだったと思う?」のようにWHATの質問に置き替えれば、キツイ印象は和らぎます。

また、一人で誰にも相談できないで、自分だけでなんとか解決しようと悩んでしまう人も多いので、「誰を巻き込めば有効だろうか」などを、少し視点を変えて考えてもらうのも「アゲる質問」になります。

〈質問例〉
「それを望んでいるのは誰ですか?」**(サクサク決断法)**
「真のターゲットはどんな人ですか?」**(サクサク決断法)**
「誰のサポートが得られれば、効果的ですか?」**(タラレバ突破法)**

■HOW(どのように、どうやって、どうすれば)

HOWは、具体的な考えや行動を導き出す疑問詞です。

「アゲる質問」でどのように質問すればいいのかわからないときは、「どのように行動する?」「どうすればできる?」「で、どうする?」のように質問するだけでもOK。
課題の中身さえはっきりとわかってくれれば、相手が最短で答えを考え、行動に移すのに絶大な効果を発揮します。

〈質問例〉
「売り上げをいまの2倍にするには、どんな方法がある?」（**サクサク決断法**）
「その課題は、どうすれば解決できると思いますか?」（**原因深掘り法**）

POINT
「オープン質問」「クローズド質問」「5W1H」を使いこなせ

ルール③

質問で誘導しない

相手の意見を聞くつもりでいながら、「本当にそう思ってるの？」「別に方法があるんじゃない？」などと質問し、自分の求める答えに導こうとしてしまう。

上司として部下を指導しなければいけないと一生懸命になっている人ほど、自分が望んでいるとおりに部下を行動させようとしてしまいがちです。

自分が有能だと思っている人ほど、誘導する傾向があるようです。これは、自分の考えに自信があるからでしょう。

部下の意見に対して、上司が異を唱えるような質問をするのは、部下の考えを否定しているのと同じこと。すべて「サゲる質問」になってしまいます。

上司としては、部下が自分の望む結論に到達してくれればスッキリするかもしれません。

しかし、それは自己満足であり、部下の生産性もモチベーションも上がりません。

たとえば、部下がトラブルを起こした場合はついつい「**誰に責任があるの？**」「**どうして防げなかったの？**」のような言い方をしてしまいますが、これは誘導しているのと同じになるのでＮＧ。

こういう場面では、犯人捜しをするのが目的であってはいけません。

必要なのは「**なにがいけなかったと思う？**」「**できることはなかったのかな？**」「**損害を被ったのは誰だろう？**」などの質問で、部下本人にトラブルの原因や問題の大きさなどを自覚してもらうことです。

その上で「**どうすればいいと思う？**」のように解決策を考えてもらわないと、結局、同じ間違いを繰り返してしまうことになります。

「**これできるよね？**」「**問題ないよね？**」「**約束できるよね？**」のように、語尾を上げているだけで、質問というより強制をしてしまうパターンもあります。

これらはイエスかノーで答えられるクローズド質問ですが、後々の評価などを考えると、部下はこのような質問にノーと答えにくいもの。たいていの部下は上司のことを忖度《そんたく》します。つまり、自分が望んでもいない答えを受け入れてしまうのです。それなのに、**「この前納得してたよね、なぜあのときと違うの」**と勘違いをする上司の多いこと。

そのときの「はい」や「わかりました」は、**「あなたの言っていることに従います」**というイエスではなく、**「もうこれ以上言っても無理ですね」**という意味のあきらめのイエスなのです。

自分にトラブルの原因となる問題があったことを、部下が自覚しないままにしていると、他人に責任転嫁して、部下自身が変わるチャンスを逃してしまいます。

人は他人の力ではなかなか変わりません。自分で自分を変えようと意識しない限り、変革は起こせないものなのです。

上司が考えている最適な答えや方法が、果たして本当に最適なのでしょうか。上司にとって最適でも、部下に最適とは限りません。

上司の質問に対する「部下の答え」は上司の頭の中ではなく、部下の中にあるものです。

それを本人に見つけてもらうのが「アゲる質問」です。

「アゲる質問」をするときは、上司は質問を用意しても、答えを準備しないで臨んでください。回答用紙の中に、上司があらかじめ答えを書いておいてはいけません。答えを書くのは、あくまでも部下だけです。

たとえ、それが上司の望んでいない答えであっても、上司はその答えを消してはいけません。

部下が自分で書き込んだ答えであれば、どんな答えにも丸をつけるつもりで受け入れてください。それをするだけで、部下は自分で考えて行動するようになるはずです。

とはいえ「あなたはどうしたいの？」「あなたはどう思う？」（**原因深掘り法**）という「アゲる質問」をしているにもかかわらず、部下がなかなか答えてくれないこともあるでしょう。

その場合は、前述したように、じっと待つことです。

答えるのに時間がかかるということは、部下が自分で深く掘り下げて考えている可能性があります。すぐに答えが出てこないのは、決して悪いことではありません。

そうは言っても、お互いに沈黙している時間というのはつらいものです。

そのときは、別の「アゲる質問」で、部下が考えをまとめるのに役立つようなヒントを出してみましょう。

「強いて言えば、どういうこと？」（サクサク決断法）

「もしも状況が違ったらどうするの？」（タラレバ突破法）

このような質問で別の視点から考えさせると、イメージが湧いてくることもあります。

また、質問が漠然としていて、物事の全体をとらえるのが難しいようなケースでは、**「この中の、この部分だけだったらどうする？　どう思う？」「一番簡単な方法なら、どういうことができると思う？」**のように、内容をスモールピースに分けて、因数分解して質問するのも有効です。

あるいは**「どう思うの？」**と聞いたとき、部下が**「わかりません」**と答えて、上司のほうが困惑するケースもあるでしょう。しかし、この場合も上司が自分の考えを言うのはNGです。

そういうときは**「どういうところが難しいのかな？」「もしも立場が違ったらどうだろう？」**など質問の切り口を変えてみましょう。視点を変えて部下に考えさせるようにすれば「アゲる質問」を続けることができます。

もしかすると、上司として、どうしても部下にアドバイスをしたくなるときがあるかもしれません。そのときは、必ず「ちょっとアドバイスをしてもいいかな？」と前置きをするようにしてください。

そうすれば部下に、自分の考えを押しつけるわけではないというメッセージを伝えることができます。あらたまって「アドバイスしていいか」と丁寧に言われると、部下も恐縮して、真剣に耳を傾けてくれるケースが多いです。

POINT

基本はすべて受け入れる。ただしヒントは出す

ルール④

短い文で質問する

こういう質問をされたらどう感じますか。

「4月の異動でチームのメンバーが入れ替わってから、あなたの仕事を見てきたけど、他のメンバーとはうまくやっているように見えるので、私にはわからないんだけど、結果につながっていないのは、どういうことかわかるかな？」

思わず「はあ？　すみません、もう一度お願いします」と言いたくなるでしょう。

アゲる・サゲる以前に、長すぎて意味がわかりません。

質問の目安は15～25文字です。

冒頭の質問は「新しいチームの雰囲気はどうかな?」(15文字)とすれば、部下が答えやすくなるでしょう。

短い質問の例としては次のように、

「一番重要なことはなんだと思う?」(14文字)
「それについてあなたはどう思う?」(14文字)
「あなたが本当にやりたいことはなに?」(16文字)
「3年後、あなたはどんなふうになりたいと思う?」(21文字)
「もしもスタートに戻れるとしたらどうすると思う?」(22文字)

などです。

長い質問は意味がわからなくなりますし、一度に2つ以上を聞くのもいけません。

質問が長い原因は、次のような点が考えられます。

・質問したいことが整理されていない
・聞きづらいことを聞こうとしている
・相手が質問の意味を理解できないと思って、説明を入れている
・セクハラ・パワハラ・炎上を恐れて、必要以上に正確を期してしまう
・上司が自分の考えや思いを部下に語りたい
・本当は部下に説教をしたいという気持ちが隠れている

質問が長いと、最初と最後では違う質問になっていることもよくあります。そうなると、部下は混乱して考えられなくなったり、意見を言いづらくなったりしてしまいます。

繰り返しますが「アゲる質問」は、質問に答えることで、相手に考えてもらうのが目的です。

いろいろな前置きや条件をつけて「こうで、こうで、こうだけど、どうしたいと思う？」と質問するよりも、シンプルに「あなたはどうしたいの？」とワンセンテンスで言ったほ

うが、「あれ？　俺はどうしたいんだっけ？」と、部下の思考の枠が広がります。

どうしても長くなってしまう場合は、2つに分けるのも有効です。

最初に、

「異動の後のチームはどんな感じかな？」

と一度聞いてから、

「うまく結果にはつながっているのかな？」

と尋ねてみる、という具合です。

POINT

ひとつの質問は15〜25文字で！

ルール⑤

質問の目的、狙いを明確にする

最後のルールは、質問をするときに自分なりの目的や狙いを持って質問をすることです。

私はコーチングをするときに、相手の趣味やマイブーム（いま熱中していること）などをよく聞きます。

これは、相手が何に対してモチベーションを上げられるのかを知るのが目的です。さらに、相手が自分では気づいていない強みや適性を引き出すという目的もあります。

こういった目的がないまま、「いまハマっていることはなに？」などと聞いたら、ただの雑談で終わってしまいます。

たとえば、巨人ファンの部下に「今年の巨人はどう？」と聞いても単なる雑談です。

こういう場合、

「野球が好きなのはどうして？」

と聞くと、

「チームみんなで勝つのが好きだから」

「いまでも草野球をやっていて、練習の後に仲間と飲むのが好きなんです」

という答えが返ってきたりします。

この答えから、

「チームでなにかを成し遂げるのが好きなんだな」

「仲間との交流を大事にするタイプなんだな」

と推測できます。

その情報をもとに、

「じゃあ、いまのプロジェクトを成功させるために、自分はチームにどんな貢献ができると思う？」

といった「アゲる質問」を導くことができるのです。

とくに１ｏｎ１をするときは、「今日は部下の業務の問題点を聞こう」「将来のビジョンについて聞いてみよう」などと、自分なりのテーマを決めてから臨まないと、会話が迷走します。

「相手にこういうことを気づいてもらいたい」という目的を持っているときも同じです。

質問で誘導してはいけませんが、

「〇〇さんに厳しく接しているように感じるんだけど、それはどうして？」

のように理由を聞く必要はあります。

こういうときに「最近どう？」のような漠然とした質問をしても、「そうっすね、調子いいです」のような、期待外れの答えしか返ってきません。

１on１を始めるときに、

「今日はこういうテーマについて話し合いたいと思う」

と目的を相手に伝えるのもいいでしょう。

相手に、

「今日は何か話したいことはあるかな？」

とテーマを聞くのもアリです。

メールを書くときに「〇〇の件について」とタイトルを入れるように、話し合うテーマをお互いに認識していると、面談を進めやすくなります。

誰でも、限りある時間を効率のいいものにじたいと思います。

「アゲる質問」を身につけた方々からは、意識づけや重要課題の共有ができるようになったので、「時間は短くなったが、１on１の中身は濃くなった」「日々の仕事が研修のようになった」など、いい感想をいただいています。

POINT

自分の中で明確なテーマを持って、質問に臨む

第3章

生産性を上げる質問の「4ステップ」

4つのステップは「順番」が大事！

部下の生産性を上げるには、次の4つのステップに沿って、「アゲる質問」をしていくことが重要です。

【ステップ①】現状分析・確認
【ステップ②】ゴール（目標）設定・共有
【ステップ③】解決策・優先順位検討・確定
【ステップ④】行動

なお、このステップは順番が大事です。

順番を間違えると、思うように効果を得ることができなくなってしまいます。

たとえば、部下がなんらかの問題を抱えている場合は、現状分析やゴール設定をせず、思わず問題の解決策を考えてしまいます。

しかし、それは間違いです。

なぜならゴールによって解決策は変わるからです。

部下が目の前の問題にとらわれて視野が狭くなっているときに、解決策を考えてもらっても、その場しのぎの方法しか思いつかないものです。

それは上司も同じ。

上司も部下の問題にばかりとらわれていたら、「とにかく取引先に謝っとけ」ぐらいのアドバイスしかできません。

そこで、まず現在の状況を相手目線で詳しく知るところから始めます。

実際にこのステップに沿って進めてみるとわかりますが、現在の状況を知っているようで、じつはわかっていなかったということも多々あります。

部下が起こしたミスだと思っていたら、部下にアドバイスした先輩のほうが間違っていた、というのはよくあるケースです。

それを知らないまま解決策を考えても、なんの意味もないのは言うまでもありません。だから、なぜその問題が起きてしまったのか（背景・根拠）をよく知り、それから今後どこに向かって進めばいいのかゴールを明確にします。

もし部下が取引先とトラブルになっているのなら、ゴールは謝罪することでも、今後同じトラブルを起こさないことでもなく〝トラブルが起きても対処できる人間力を磨く〟となるかもしれません。

そうなると、解決策はトラブル防止ではなく、トラブルは起こると想定した対処法になるでしょう。

このゴールがないと、謝罪しに行く、お詫びのメールを書く、といった小さな解決策しか思い浮かばないのです。

それらはすぐに対応できるので、一見、生産性が上がるように感じます。

しかし、目標やゴールを想定しないと毎回行き当たりばったりになり、結局は生産性が上がっていない状況になります。

生産性を上げるには、右往左往しない、しっかりした骨組みが必要です。

そのためには、ゴールという骨組みをつくるのが大切なのです。

解決策を考えるのは、現状を知って、将来どうしたいのかの骨組みをしっかりつくってからなのです。

この順番で進めれば、面談で話し合って終わりになるのではなく、確実に行動に結びつけられるようになります。

部下を持つ上司の中には、どうすれば1on1を有効に機能させることができるのかわからないという方が案外多いかもしれません。

そのような方でも、この4つのステップを念頭に置いて質問を考えていけば、楽に1on1を進められるようになるでしょう。

慣れてきたら、1on1ではなくても、普段の仕事の最中にも使えます。

部下の様子が気になったら、10分ぐらいの空き時間を利用して4つのステップを実践し

てみるのです。

そうすれば、部下の行動の質は上がり、いままで以上に生産性を上げるようになるのが実感できると思います。

具体的な質問の仕方は、次の4章で説明しますが、ここからはその前に4つのステップをご紹介します。

POINT

現状分析・確認↓ゴール設定・共有↓解決策・優先順位検討・確定↓行動

ステップ①

現状分析・確認

ステップ1で現状を知るのは、地図で現在位置を最初に確認するようなもの。

そこを間違えてしまうと、目的地へ到達するのに余計な苦労をすることになります。

遠回りを避けるためには欠かせない、重要なステップです。

この段階では「いつ」「どこで」「なにが」起きているのか、その背景にはなにがあるのか、どういう課題があるのかなどを、部下の言葉で説明してもらうようにします。

「いまの仕事はどう？」

「プロジェクトの状況はどう？」

このような質問で、シンプルに聞くことから始めてみましょう。

ここでは**「アゲる質問」をするというよりは、「サゲる質問」をしないこと**です。

確認のための質問が中心になりますが、部下の心をほぐすために雑談から始めるのもアリです。**このとき大事なのは、ニュートラルな立場になること。**

「この間、A社の案件でモメてたよね？」

などという「サゲる質問」をしたら、部下に問題があるという前提で話しているようなものです。

「A社の件で何が起きたのか、詳しく話してくれないかな？」

という感じで、起きた出来事を確認するために聞く、という姿勢を貫いてください。

「アゲる質問」は、質問をするのは主に上司、答えるのは部下ですが、ステップ1では上司が情報を収集するのと同時に、部下自身に状況を確認させることが重要です。質問に答えながら状況を整理すると、部下は自分がなにをすればいいのかが見えてきます。

状況分析の方法は、できていること、できていないこと、わかっていること、わかっていないことを明確にすることが、まずひとつ。

たとえば、営業に回っているけれど契約が取れないとしたら、どれくらい取れないのか、どこに問題があるのか原因を掘り下げます。

身だしなみを整えていないからか、自社の商品を理解できていないのか、セールストークに問題があるのか、クロージングが苦手なのか……など、答えを引き出して、分析していきます。

もうひとつは、課題を小さなパートに分解して把握すること。

営業で契約が取れないなら、事前の準備、営業訪問の回数、営業トーク、クロージングなど、作業をこまかく分けます。

分解をしないと、契約が取れないとずっと悩み続けるだけで、問題がどこにあるのか分かりません。それがわからないと、ゴールも解決策も決められないのです。

もし部下から「仕事がうまくいかないんです」と言われたら、

「どんなところがうまくいかないの？」

「どうしてうまくいかないんだろう？」

と、原因深掘り法の質問を使って掘り下げていくのも手です。

このステップでは、決して「誰の責任だ？」と個人を責めてはいけません。

個人の責任を追及すると、責められるのが嫌だからと、部下が嘘の数字を報告したりミスを隠したりするようになってしまいます。

上司と部下の信頼関係が崩れてしまうと、生産性を上げるどころか、仕事を進めることもままならなくなるでしょう。

実例：【ステップ①】現状分析・確認の進め方

それでは、実際にどのように質問をしていけばいいのか、モデルケースで見てみましょう。**次の会話は、某製薬会社2年目のＭＲ（医薬品営業）と、その上司が１on１で話しているときの様子**です。

上司「そろそろ今月も終わるけど、振り返ってみてどうだった？」
部下「うーん、自分としてはがんばったと思っていますが、やはりダメですかね？」
上司「どこら辺がダメだと思っているの？」※1
部下「担当者との面会は多いんですが、数字につながってないっていうか」
上司「そうなんだ。面会は週何回くらい？」※2
部下「週2〜3回です。プロモーションかけてるんですけど、そこから進まないんですよね。なんか手ごたえがないっていうか……」
上司「それはどうして？」※3
部下「資料を持っていくと、『ああ、これいいよね』とか言われてるんですけど、そこから先、どうやったらうちの製品を使ってもらうところまで持って行けるのか、全然わからないんです」

では、会話の流れのポイントを、それぞれ確認していきましょう。

※1について

ここで上司が「そうだね、ちょっと数字的に厳しいね」などと答えてしまうと、部下は自分で答えを考えられなくなります。

現状分析では、上司の意見や考えはなるべく言わないのが原則です。

また、部下がダメだと思う理由について、じっくり分析する必要があります。

ここでは部下の答えは疑問形ですが、そういう場合でも「どうしてそう思うの?」と質問で返して考えることを促しましょう。

※2について

現状分析で数字を聞くのはとてもいい方法です。

状況を客観的にとらえるのに役立つからです。

「多い」「少ない」などの表現だと、人によって感覚が違うので、上司と部下の間でギャップが生まれる原因になりやすいので、注意しましょう。

また、質問する前に、「そうなんだね」「そうか」「へえ、そうなんだ」「なるほど」のように、受け止める言葉を入れるとワンクッションになり、質問を連続してもキツイ印象にはなりません。

※3について

プロモーションがうまくいかない現状に対して、部下自身に分析させるための質問です。ここで上司が「押しが弱いんじゃないの?」などと言ってしまうと、部下は「そうですかねぇ」と、サガって終わってしまいます。

POINT

上司が情報を収集するのと同時に、部下自身に状況を確認させる

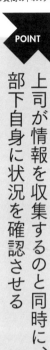

ステップ②

ゴール（目標）設定・共有

ステップ2で一番大切なのは、本人に目標を決めてもらうことです。

そして、部下が決めたゴールには、なるべく上司は口出ししないこと。そこで口出しすると、とたんに部下のモチベーションは下がります。

ゴールの設定を2番目にする理由は「こうしたい」「こうなったらいいな」という理想のゴールや、嬉しいこと、ワクワクするようなことを考えさせて視野を広げるためです。

また、ゴールをはっきりと定めずに解決策を考えたり行動を始めたりすると、最終的にゴールがブレてしまうこともあります。

たとえば、売り上げを目標とした場合「1年間でいまの10倍にする」と最初に大きな目標を決めて取りかかれば、自然とやるべきことが決まっていきます。

目標を決めずに、目の前の小さな課題の解決だけをしていると、同じ期間でも、どのくらい売り上げを上げられるかわかりません。

終わりが見えないために、途中でモチベーションが続かなくなって、最終的な成果が小さくなってしまうこともあるでしょう。


理想のゴールをイメージさせることで、モチベーションをアゲる手法は、「チャンクアップ」と呼ばれます。チャンク（Chunk）は「塊」という意味で、チャンクアップとは「塊をつくる、大きくする＝目標をつくる」という意味で使われています。

反対に、目標をこまかく分けて小さな目標にするのがチャンクダウン。塊を小さく分けるということですね。具体的なプランなどをこまかく考えるときに役立つ手法です。

いきなりチャンクダウンから入ってしまうと、思考が狭くなって、アイデアが広がりません。いったんチャンクアップをしてから、チャンクダウンすると、思考が広く深くなって、アイデアが広がるという効果があるのです。

ステップ2でのアゲる質問は、「**やる気スイッチ発見法**」を中心に使います。

「この仕事を達成したら、どんないいことがあると思う？」

「あなたは1年後、どうなりたいと思う？」

上司が質問をして、そのときに部下が考えている理想のゴールを共有しましょう。

理想の自分と現実の自分の差を知ることで、そのギャップを埋めるために何をすればいいのかが見えてきます。

もし部下が何か問題を抱えているのだとしたら、「1年後どうなりたい？」などと聞いている場合ではないと思うかもしれません。

しかし、そういう場面でこそ、チャンクアップで「アゲる」ほうがいいのです。

単に部下の行動や言動を戒めるのがミーティングの目的ではなく、もっと大きな目標に向かうために、いま目の前にある問題を解決するのだ、というスタンスを理解してもらえれば、部下は落ち着いて考えられるはずです。

部下がまだ新人で目標を考えられなかったり、経験が浅くて自分の理想がハッキリしていない場合は、「先輩のAさんは2年目にこういうことを考えていたけど、それについてどう思う?」「もし、別の部署に移れるとしたら、どんなことをしたい?」など、質問の仕方を工夫して、理想のゴールを探っていきます。

部下からゴールのアイデアがなかなか出てこないからといって、上司が目標を与えてしまっては、「アゲる質問」になりません。

くれぐれも「〇〇を目標にしてはどうかな?」と、上司がひとつの目標を示すような、「サゲる質問」をしないように注意してください。

部下から「売り上げ1000万円を達成したい」「コンペに勝ちたい」「新しいプロジェクトチームに参加したい」など、自分なりのゴールの答えが返ってきたら、それで終わらせないようにします。

「それはどうしてなの?」(**原因深掘り法**)

「本当に、それがいいと思う?」(**やりきる力強化法**)

という感じで理由も聞いてみると、ゴールへ向かうエネルギーになるでしょう。

実例：【ステップ②】

ゴール（目標）設定・共有の進め方

ステップ1で現状を知ったら、次のステップ2ではどのように質問をしながらゴールを設定するのか、実例で見てみましょう。

上司「ところで、上半期の目標はどうなってたっけ？」**※1**
部下「一応、売り上げを20％増、契約件数を去年の2倍が目標ですけど、いまのままではちょっと……」
上司「そうだったね。いまの段階で何％くらい達成できてるの？」
部下「だいたい半分くらいかと……。もっと少ないかもしれませんけど」
上司「半分も行っていたら、いいんじゃない？　去年よりは順調じゃないかな」**※2**
部下「うーん……そうかもしれないですけど、2年目だし、もうちょっと上に行けるかなと思ってたんですよね」

上司「本当はもっと高い目標を目指しているんだね。どのくらいなら行けそう？」※3

部下「売り上げがもうちょっとかな、と」

上司「15％とか？」

部下「せめて18％は行きたいです」

上司「いいね。その売り上げを実現したら、どんな自分になれると思う？」※4

部下「A先輩のような感じですかね。A先輩はすごく数字取っていてカッコイイですよね。あんなふうになれたらいいんですけど」

※1について

月の目標ではなく、その上の半期の目標に視点をシフトさせる質問。「1年後」「3年後」など大きな目標を意識させることで、目の前の問題にとらわれて狭くなっている思考を広げます。内容次第では「将来はどうなりたい？」という、漠然とした聞き方でもいいでしょう。

※2について

「目標数値に届いていない……」とサガり気味になっている部下を上司がアゲています。落ち込んでいたり、自分を過小評価しているような部下に対しては、上司がなにかしらいいところを見つけてあげること。部下のできていないことに目を向けるのではなく、部下のできているところに目を向けて、励ましましょう。

※3について

この部下は、本当は公言している目標値以上を目指しているので、現実とのギャップにガッカリしています。ですので、その思いをしっかり汲み取り、そのうえで目標を再設定するような質問をしています。

部下が「**それならできそう**」というところに目標値を修正すると、モチベーションを上げられるでしょう。

※4について

やる気スイッチ発見法の「アゲる質問」です。

売り上げを達成した自分をイメージさせることで、自信を回復させるのが狙いです。

ゴールを達成した後の、気持ちや感情がどうなるか想像してもらうのもいいでしょう。

なお、部下の答えに対しては、**「いいね」「すごいね」「面白い考えだね」「それもひとつだね」**のように、必ず賛同する受け答えをしてください。

「あなたの意見を私は受け止めました」という意思表示をするだけで、相手は心を開いてくれます。それも「アゲる質問」をパワーアップするための方法のひとつです。

少し背伸びする目標を励ましながら「アゲる質問」をすることが、部下が成長する一番の早道なのですから。

POINT

部下が決めたゴールには、なるべく上司は口出ししない

ステップ3

解決策・優先順位検討・確定

現状分析とゴールの設定ができたら、いよいよステップ3の解決策・優先順位を考える質問に進みます。

ここでも大切なのは本人に考えさせること。どんなによくない策でも、本人の意思を尊重して耐えてください。企業に損失を与えるような策なら話は別ですが、そうでないなら失敗するのがわかっていても、私ならやらせてみます。

部下が解決策を考えるのをサポートするのが上司の役目ですから、上司から回答を与えないように。答えを与えると、いつまでも部下は自分の頭で考えられなくなります。

ステップ1で分析した現状と、ステップ2で明らかにしたゴールとの間には、ギャップがあります。そのギャップをどう解消すればいいのかを考えていくのが、このステップの

目的です。

「アゲる質問」で部下に解決策を考えてもらうことで、自分にも解決できると自信を持ってもらいましょう。

同時に仕事の進め方も整理できるので、スピードアップにつながります。

ただし、どんなケースでも解決策はひとつとは限りません。

スタート地点からゴールへ到達するための道筋は、何通りも考えられるものです。

そのため、ステップ3では、まずいろいろなアイデアを引き出すことから始めて、その中から最善の方法を選ぶようにします。そこから、作業の優先順位をつけるようにしましょう。

解決策は、行動に結びつかなければ意味がありません。ですので、「努力します」「**がんばります**」で終わるのではなく、「**〇〇をする**」と、できるだけ具体的なアイデアやアクションを考えてもらうことがポイントです。

たとえば、解決策を出してもらうときは、

「**どうすれば、その作業にかかる時間を減らせると思う?**」（**原因深掘り法**）

「その作業は本当に必要かな？」（**やりきる力強化法**）
「見落としていることはないだろうか？」（**タラレバ突破法**）
という質問を何度も重ねることで、アイデアをたくさん引き出します。
さらに優先順位をつけるときは「サクサク決断法」「やりきる力強化法」でポイントを絞っていきます。
「いま、あなたがどうしてもやらなければならないことはなに？」（**サクサク決断法**）
「本当に、それがベスト？」（**やりきる力強化法**）
「アゲる質問」は「こういうときは、これを使う」というピンポイントの正解はありません。要は本人に考えてもらい、その中から答えを導き出せればいいのです。そうすることにより、生産性ややる気が上がり、ただの質問が「アゲる質問」になるのです。

実例：【ステップ③】

解決策・優先順位検討・確定の進め方

このステップは面談の山場でもあるので、時間をかけてでも丁寧に部下の話を聞き出しましょう。このやりとりでもわかるように「部下：上司」の話す割合は「7：3」どころか「9：1」でも充分情報を引き出せます。

上司はナビゲーターになったつもりで、部下が話しやすいように質問を投げかけていってください。

部下「Aさんのようになるのが、僕の目標なんです」
上司「Aさんの、なにがすごいの？」※1
部下「新規のお客さんでも、面会を2〜3回したら契約取ってくるのって、ヤバくないですか？　僕は面会5〜6回しても全然ダメですよ」
上司「Aさんに同行したことある？　どうだった？」
部下「新人のときに何回か一緒に行きました。どこでも、お客さんがニコニコして会ってくれるんですよね。あと、しゃべりもうまくて滞在時間は短めでした」
上司「そうなんだ。Aさんはどうしてニコニコして会ってもらえるのかな？」※2

部下「見た目がきちんとしていて、清潔感があるからですかね。あと、お客さんの趣味とかよく知っていて『ハーフマラソンどうでした？』とか、さらっと言っていました。話がわかりやすいし、忙しい相手には喜ばれているかも。僕が一人で行っているところとは大違いです」

上司「そうか、どんなふうに違うの？」

部下「僕の場合は『こんにちは』の後『今日暑いですね』くらいしか話題が続かないんですよね。商品説明も、どうしても長くなっちゃって、途中からウザがられる感じで……」

上司「なるほどね。Ａさんが商品説明でうまくいくのはどうしてだろう？」

部下「たぶん、商品の『売り』をピンポイントで話す感じですかね。それもお客さん目線での効果や、作業が楽になる点などがわかりやすいです。『前回お話ししていたデータです』みたいな感じで、前回のフィードバックもしてました。資料もすぐ取り出せるように用意していて、厳しい質問にもサッと答えちゃうし。僕は『いったん持ち帰ります』って、その場で答えられないことが多いかもしれません……。あと、Aさんは競合品の知識もハンパないと言うか。ほかの会社の製品と比較してメリット・デメリットを説明したり、実際の症例を紹介するのがうまいんです。海外の治療の話とか新しい論文の話とか、相手が興味を持ちそうな話題をたくさん用意して行っているみたいです」

上司「Aさんはさすがだね。Aさんのマネしてみたことはある？」

部下「ないですけど、やってみようかな……」

上司「それなら、確実にできそうなのはどれ？」※3

部下「とりあえず、床屋へ行って、シャツもパリッとしたものに変えてみます」

上司「いいね。それから？」※4

部下「もう一度、商品について質問されたことを整理して、資料を揃えてみます。自分がPRすることばかり考えていたかもしれないです」

上司「それは大切だね。ほかに考えられることはないかな」※5

部下「ほかに……お客さんの趣味もチェックしないとダメですね」

上司「そうだね、それも大事な作業だね」

※1について

目標にできる身近な先輩の仕事ぶりから、解決方法を見つけようとしています。

部下の行動を変えるためには、なるべくイメージできる具体的な方法を見つけてもらうしかありません。手本となる先輩や上司は、そのためのいいテキストになります。

※2について

解決策になりそうな材料を出してもらうために、「どうして」「どんなふうに」とWHYやHOWを繰り返し使って、Aさんの仕事の仕方を深掘りしています。

これらは原因深掘り法を使った「アゲる質問」です。Aさんの仕事の仕方を分解することで、実際に行動できそうな材料を拾い出します。

なお、言葉の表現は、相手に合わせると親近感を持ってもらえます。

たとえば、「**ヤバくないっすか?**」と言われたのなら、「**それはヤバいね**」と受け止める。

相手が「**ニコニコして会ってくれる**」と言ったのなら、「**ニコニコして会ってくれるのは**

どうして？」という感じで、同じ表現を使います。

※3について

解決策になりそうな材料がいろいろ出てきたところで、優先順位をつけるために、やりきる力強化法を使って質問しています。

「確実に」「あえて選ぶなら」「絶対に」と強調した表現を使うことで、必ずどれかを選んで実行するという方向にグイッと話を持って行っています。

※4について

解決策や優先順位を考えてもらうと、上司から見ると**「それって大事？」「それからやるのか？」**と思うようなことを選ぶ場合もあります。

そういう場合でも、否定はしないように。

私ならそれを優先させつつ、ほかの選択肢も考えてもらいます。

※5について

部下がやりたいことを挙げたら、「ほかには？」とうながすことで、さらに思考の幅を広げます。私は3〜4回ぐらい続けて「ほかにはあるかな？」と聞きます。

そうすると、最後の質問で、意外に本人もそれまで考えていなかったことが、心の奥から出てくることがあるのです。

POINT

分析した現状と明らかにしたゴールとの間のギャップを埋めていく

ステップ④

行動

最後は、部下が生産性を上げる行動を起こすのをうながすステップです。

解決策を決めたら、すぐにやってみるというスピード感があると、生産性は間違いなく上がります。ここでは、

「まずどれからやってみる？」

「先方に会うのはいつ？　誰と会うの？」

「いつまでにできるかな？」

のように、「どれ」「いつ」と限定するような質問を使って、行動を促します。

これらは「**サクサク決断法**」です。

大切なのは、このステップでも部下が行動するように命令するのではなく、質問で導く

ことです。

同じ行動であっても、上司の命令で行動するのは、どうしてもやらされ感が拭えません。最後まで、部下に自分で決めてもらうという原則を崩さないようにしてください。

また「いつから」「いつまでに」というタイムスケジュールを自分で決めて管理することも、着実に生産性を上げるためのポイントになります。

これを繰り返していけば、だんだんと自分で考えて行動する部下が育ってきます。

なお、部下がなにをするかを決めたら、

「なにかこちらでサポートすることはある?」

「間に合わなかったら僕も手伝うよ」

など、こちらがバックアップの準備ができていることを伝えておくと、部下は安心して行動できるでしょう。

このやりとりの後は、定期的に進捗状況を確認してほったらかしにせず、必要であればアドバイスするのを忘れないようにしてください。

実例：【ステップ④】行動の進め方

面談は最後の締めも大事です。部下の背中を押すためにも、すぐに行動に移せるよう質問で導いてください。

上司「次の面会はいつ？」
部下「明後日です」
上司「それまでにどれぐらい準備できそう？」※1
部下「とりあえず、今日の帰りに床屋に行きます（笑）。あと、いままで商品について質問されたことを整理するぐらいまでなら、できるかもしれないです。時間があったら、先方が欲しそうな資料もそろえてみます」
上司「うん、そこまでできたら上出来だね」※2

部下「はい、イケそうな気がしてきました。面会が楽しみです」
上司「あとで結果を教えてくれるかな？」**※3**
部下「はい！」

※1について

行動の優先順位が決まったところで、必ず「いつまでにそれをする？」といった締め切りを設ける質問をします。締め切りが決まらないと、行動にはなかなか結びつきません。

※2について

部下が行動を決めたら、それを承認する言葉をかけること。

「時間がなくても、資料をそろえるところまではやったほうがいいよ」などとアドバイスをしたらとたんにやる気がしぼむので、よほどのことがない限りは控えてください。

「嬉しいよ」「すごく楽しみだね」などのメッセージも効果的です。

※3について

一度話を聞いたら終わりではなく、これからもフォローするという姿勢を示すために、「結果を教えて」「なにかあったら相談して」のような言葉を伝えましょう。

「どうだった」と確認することだけでなく、いつでも話しかけやすいような、ゆったりした態度を取れるよう、忙しいときでも気をつけておくことも大事です。

POINT

締め切りを決めさせて、バックアップする態度を見せる

第4章

アゲる質問の「5つの技術」

第4章では、いよいよ5つの質問メソッドをご紹介します。

本来コーチングで使う基本的な質問は100個以上もあり、それらを全部覚えて使いこなすのは大変です。

そこで、私は効果抜群の5つの方法を選び「アゲる質問」と名づけました。

この5つの方法で質問していけば、部下やチームの生産性はみるみる上がるでしょう。難問にぶつかって行き詰まったときも、うまく質問をすることで解決の糸口がつかめます。

また、「自分には指導力がない」「どうやって部下の仕事ができるようにすればいいか」と悩む必要もありません。

「アゲる質問」を投げかければ、部下は自分で考えて、自分で行動するようになります。

つまり、上司がラクできるストレスゼロの指導法でもあるのです。

この章で紹介するのは基本の質問なので、これを参考に、あなたなりにアレンジして「アゲる質問」をつくってみてください。

① サクサク決断法

仕事の量や種類が多く、何から手をつけたらいいのかわからない……。

そんなときに、優先順位をつけたり選択肢を絞りこんだり、意思決定を手伝い、仕事の生産性を上げる質問が「サクサク決断法」です。

よくテレビで「**人生最後に食べたいものは？**」と聞いているのを耳にしますが、そう聞かれたら、迷ってもひとつだけを選ぶでしょう。

そのような **〝究極の選択〟** をできる質問を投げかけて、「**いま、なにをすべきか**」を考えてもらいます。

サクサク決断法は、決断がなかなかできない優柔不断な人や、完璧主義な人にも適した方法です。

サクサク決断法の目的

サクサク決断法は、相手を「選ばないという選択肢はない」という状況に置きます。

以前、証券会社のCMで、プリンストン大学の行動経済学者エルダー・シャフィール博士が提唱した「決定回避の法則」を紹介していました。

ベビーカー売り場に来た客が、4台しか並べていないときは買っていくのに、20台ほど並べておいたら見るだけで去っていく、というCMでした。

人は選択肢が多いと逆に選べなくなり、行動を起こせなくなるのです。仕事量が多くて手が止まってしまう人は、この状況に追い込まれているということですね。

そういう状況では、まず選択肢を減らして選びやすいようにします。

サクサク決断法で選んでもらううちに、自分で決断する習慣がつき、なにを選んで実行すればいいのかが瞬時にわかるので、瞬発力が上がる効果も期待できます。

サクサク決断法の質問の基本的なつくり方

選択肢を絞るには「枠づくり」が必要です。

ここでは、代表的な枠のつくり方を3つ紹介します。

(1) 数で枠をつくる

「いま一番やりたいと思っていることは、なんですか?」

「ひとつだけしかできないとすると、なにをしますか」

「これだけは外せないと思っていることは、なんですか?」

という感じで、ひとつを選ばせるテクニックです。

「1」という数字を入れるか、「これだけ」のように、ひとつを選ばせる言葉を入れるのがカギです。

とくに新人の頃は改善点がたくさんあるので、ついついあれもこれもと、指示内容が盛りだくさんになりがちです。そうなると新人社員は仕事を覚えられない、かえってなにからやったらいいのかわからない、と追い込まれてしまいます。

そういうときは

「あえてひとつだけ次に改善してみるなら、どれからやってみる？」

と枠をつくって本人に選ばせれば、次から行動が変わるはずです。

応用的に使うなら、ひとつ以上を選んでもらう使い方もできます。

たとえば、今週しなければならない仕事を書き出してもらい、

「ここから絶対に終わらせたい仕事を3つ選ぶとすると、どれ？」

と尋ねるという具合です。

気をつけたいのは、「AとBだったら、どちらの仕事からする？」と二択にする聞き方です。これは誘導しているのと同じなので「サゲる質問」になってしまいます。

本人が決めた選択肢の中から「これとこれなら、どっちをやりたい？」と二択するのは構いません。上司が選択肢を決めないように心がけましょう。

（2）時間で枠をつくる

「30分しかなかったら、なにから始める？」

「24時間以内に限られているとすると、なにを選ぶ？」

「スピードから行くと、一番緊急なのはなに？」

「社長（クライアント）に今日ひとつだけプレゼンできるとしたら、なにをする？」

「死ぬ前の最後の仕事なら、これだけはやっておくのはなに？」


このように、時間軸で枠をつくるテクニックです。

サクサク決断法にする場合は、「30分」「1時間」「今日中」のように、時間軸をより短く区切るのがコツです。

「一番緊急」と切羽詰まった感のある表現を使うと、より緊迫度が増します。「死ぬ前」

は、時間軸は長いですが、最上級の緊迫度を増す表現です。

（3）効果で枠をつくる

「時間を1割減らして、成果を1割上げる方法はなんですか？」

「一番インパクトが大きそうな作業はどれ？」

「あなた以外には絶対にできない仕事はなに？」

と、効果の度合いで選んでもらうテクニックです。

これはある程度仕事をこなせる人、実力があるけれども伸び悩んでいる人など、使う相手を選ぶ必要はあります。新入社員や作業が不慣れな人にこの質問を投げかけると、効果がイメージできないので「サゲる質問」になります。

ただし、仕事ができる人にこの質問をすると、自分がいまなにをすべきかを瞬時に判断し、生産性が劇的に上がります。その効果を体験するためにも、試していただきたい質問テクニックです。

以上の3つが基本です。

なお、この3つ以外にも枠をつくることはできます。コストでつくることもできれば、難易度やスピードでもつくれるでしょう。また、顧客やチームの満足度なども枠に適しています。

枠のつくり方をつかめてきたら、ほかのバージョンでもつくってみてください。

サクサク決断法・実践例その1
「すぐにパニックになる部下」

やらなければならない仕事が次々に舞い込んできたとき、緊急事態のとき、ベテラン社員は経験則でパッと優先順位をつけられますが、**若手社員はパニックになりがちです。その場合はサクサク決断法を試してみましょう。**

部署を移動して、新しい仕事の経験値が足りず、期待に応えようとするとプレッシャーがパニックを引き起こす場合があります。そういう場面で、どのような質問を投げかければ、部下は自分で考えて行動できるようになるでしょうか。

「冷静じゃないから失敗するんじゃない？」

「平常心が欠けているのでは？」

……はい、これは「サゲる質問」です。ただでさえパニックになっているのに、こんな質問をしたら、部下は完全にパンクしてしまいます。

こういうときに適しているのは、数で枠をつくるタイプの「アゲる質問」です。

「いまある仕事の中から、ひとつだけ選ぶとしたらなにかな？」

「ひとつだけ」と枠を設けることで、「全部やらなきゃ。どうしよう……」という思考から、「まずはひとつだけやればいいんだ」という思考に変わります。

そうすれば冷静になり、目の前の仕事に集中して行動に移せるでしょう。

ただし、この質問はやりやすい仕事や好きな仕事を選ぶ可能性大なので、必ずしも正しい優先順位をつけられるわけではありません。あと回しにしてもいい仕事から着手してしまう場合もあります。それでもなにも進められない状況よりはマシですが、やはり優先順位も瞬時でつけられるほうが、仕事はスムーズに進められます。そこで質問にエッジを効かせて、ワンランク上の「アゲる質問」にすると、こうなります。

「一番お金になるのはどれ？」

かなりストレートな表現なので、ちょっと言いづらいと思うのなら、

「会社にとって一番利益になるのはどれ？」

「やらないリスクはどれが一番高いだろう？」

でもいいと思います。

パニックになるのは気が動転して、感情的になっている状態です。そこで利益やリスクという現実的なことを提案すると、理性を取り戻して冷静になれるのです。

サクサク決断法・実践例その2 「ダラダラ仕事をしている部下」

部下に行動してもらうには、相手が〝やりたくないこと〟を聞くのもひとつの方法です。

なぜなら、**やりたくないことの裏側にあるのは、やりたいことだからです。**

ダラダラ仕事をしている部下に、「もしかして、仕事をなめてる？」などと、口が裂けても言わないように。「サゲる質問」のうちでも、部下にイヤな上司認定される最悪の質問です。

「一番やりたい仕事は？」と聞いても答えられない場合、私ならこう聞きます。

「一番やりたくないことは、なんですか？」

こう投げかけたら、部下は「議事録をつくることです」「店頭での販売です」と、なにかしら答えるでしょう。そこでさらに、「どうして、それをやりたくないのか」と聞けば、部下の本音が見えてきます。

その対極にあるのが、やりたいことです。

やりたくないことを通してやりたいことを確認すれば、部下はわかってもらえたと感じ、モチベーションが上がります。

さらに、この質問をワンランクアップの質問にしてみます。

「もし大金をもらっても、やりたくないことはなに？」

これに対して「お客さまが興味のない商品をムリヤリ売りつけること」と答えたら、いまの販売方法に罪悪感を抱いているのだとわかります。

それが生産性を落とす原因になっているので、「それなら、お客さまに興味を持ってもらうにはどうすればいいか」「お客さまに喜んでもらえる方法はあるか」と聞けば、生産性を上げる質問になります。

POINT

究極の選択をできる質問を投げかけて、「いま、なにをすべきか」を考えてもらう

② タラレバ突破法

絶体絶命のピンチや失敗できない大きな仕事に直面したとき、多くの人は思考停止し、同じところをグルグル回り始めてしまいます。

そんなとき、突破口を見つけるのに役立つのがタラレバ突破法です。仮説の質問を投げかけることで、相手の視野をグンと広げられます。

わかったつもり、できたつもりになって、仕事のやり方を変えようとしない部下にも効果的です。目先の作業にとらわれて、全体のことを考えない部下にも、ぜひ使ってほしい方法です。

タラレバ突破法の目的

仕事に行き詰まっていたり、伸び悩んでいるときは、つらい現実ばかりに目が行き、視野が狭くなっています。

そこで「もし、1日が30時間だったら？」と「もし〜だったら」という質問をすることで、いったん現実から離れさせるのです。

たとえば「時間がないからできない」と考えている人は、時間のつくり方がわかってないだけだったりします。そのように自分にかけている制限を解き、可能性の幅を広げるのが、タラレバ突破法です。

人は人から言われたこと、教えられたことはなかなか身につけられません。自分で発見したことなら、すぐに身につけられます。

タラレバ突破法は、相手がいままで考えたことがなかった方法、したことがない行動を相手に発見させて、「自分にできることはまだあるんだ」と気づかせます。自分で発見したことなら進んで行動に移しますし、すぐできるようになるでしょう。

タラレバ突破法の質問の基本的なつくり方

「もし〜だったらどうする？」

「仮に〜したらどうなるだろう？」

という感じで、「もし」「仮に」を基本形にして質問をつくります。

仮定の話をすることが前提なので、自由に質問をつくれるのがこの質問法の魅力です。

5つの質問法の中で一番つくりやすく、使いやすい質問でもあります。

「もし、あなたが社長だったら？」「もし、あなたがお客様の立場だったら？」のように、視座を変えるために使ってもいいでしょう。

ポイントは、現状を崩す表現を使うこと。

相手が「時間がない」と否定的な発言をしているのなら「時間がなくてもできることはなに?」だと、時間がないという現状を崩していないので答えの幅は広がりません。

「もし自由に時間を使えたら、なにをする?」

「もし期限があと1年あれば、なにができる?」

のように、現状を崩した表現を使うと、答えの幅は一気に広がります。

タラレバ突破法・実践例その1
「経験がないことをためらう部下」

自分には経験がないと、ためらっている部下の背中を押すときは、あなたならどうしますか?

「大丈夫だよ。誰でも最初は経験がないところから始めるんだから」と励ましたところで、相手はとてもやってみようという気にはなりません。これはムリにやらせているのと同じです。

ここで「なにが怖いの？　できないって思うのはどうして？」などと聞いてしまったら、とたんに「サゲる質問」になります。相手は追い詰められて、ますます一歩を踏み出せなくなるでしょう。

こういう場面で「アゲる質問」をするには、

「もし、あなたに経験があって、この仕事を成し遂げたらどんな気持ちになる？」

という感じで、経験がないからできないという現状を崩します。

こういう場合、部下から返ってくる答えはなんでもいいと思います。とにかく「できる」という前提で考えてもらうことが大事なのです。

さらに、これをエッジの効いた質問にしてみます。

「もし、その仕事で経験を積んだとしたら、1年後にはどんな自分になってると思う？」

これは、経験を積んだという前提にしています。相手には経験を積んだ自分をイメージしてもらうので、前向きなイメージしか浮かびません。

そこで部下が「仕事をサクサクこなせるようになってると思う」と答えたのなら、「いいね、そうなるためにはなにから始める？」のように、できるという前提で質問をしていけばいいのです。そうすれば、部下も自然と自分ができることを考えます。

タラレバ突破法・実践例その2
「言い訳ばかりしている部下」

アメリカの心理学者のスティーヴン・バーグラスとエドワード・E・ジョーンズが、1970年代におこなった実験があります。

まず学生たちに難しいテストを受けさせて、もう一度同じようなテストを受けなくてはならないとき、2つのうち、どちらの条件を選ぶか調べたのです。

その2つの条件とは、

- **能力を上げる可能性のある薬を飲む条件**
- **能力を下げる可能性のある薬を飲む条件**

です。

そんなの、能力を上げる薬を飲むほうを選ぶに決まってるだろう、と思う人もいるかもしれません。**ところが、能力を下げる薬を選んだ学生が多かったそうです。**

これはなぜでしょうか？

「次のテストの結果が悪かったとしても、それは能力が下がる薬を飲んだからだ」と言い訳できるほうを無意識に選んだと言われています。

能力を上げる薬を選んだとしたら、もしテストの結果が悪かったら、恥をかくことになると考えたのでしょう。

このように、あらかじめ言い訳できるようにハンディを用意することを「セルフ・ハンディキャッピング」と言います。

テストやゴルフの前に、「今日は寝てないから全然うまくできないかも」と、前もって言い訳する人が、あなたのまわりにもいたでしょう。これも典型的なセルフ・ハンディキャッピングです。

職場にもセルフ・ハンディキャッピングをする人はいると思います。

「今日は体調が悪いからプレゼンがうまくいかないかも」

「口下手だから契約が取れなかった」

このように言い訳ばかりをしている部下に対して、「言い訳なんてするな」といっても考えを改めてくれるわけではありません。

かといって、「なんでそんなことになったの？」「誰かに相談しようと思わなかった？」などと問い詰めるのは完全に「サゲる質問」になります。

セルフ・ハンディキャッピングをしてしまうのは、恥をかきたくないと思っていたり、怒られたくない・嫌われたくないという自己防衛の気持ちが働くからです。

そういう心理の状態のときは、相手を追い詰めないこと。

言い訳ばかりしているときは、

「もし失敗しても許されるのであれば、なにをする？」

とタラレバ突破法で聞いてみます。

これは「失敗してもいい」という表現を使うことで、恥をかくのを恐れている思考から解き放つための「アゲる質問」です。一方向からしか物事をとらえてない場合に使うと、それ以外に目を向けられるようになります。

さらに、エッジの効いた質問にするなら、

「もしあなたが上司だったら、部下であるあなたに、なんと言うと思う？」
「仮に、5年後の自分なら、いまの自分をどうアドバイスする？」

と投げかけると、相手は言い訳で返すことはできないでしょう。

上司が叱らなくても、視座を変えて考えてもらえば部下は自分で答えを見つけます。

叱られないとわかれば、セルフ・ハンディキャッピングもしなくなるでしょうから、言い訳する時間を減らせます。

こういうことも生産性を上げるためには必要なのです。**ただし、言い訳は正当な理由がある場合もあるので、まずはしっかりと耳を傾けるべきでしょう。**

POINT

仮説の質問を投げかけて、相手の視野をグンと広げる

③ やりきる力強化法

集中力は、長距離ランナーと短距離ランナーによって違います。

童話「ウサギとカメ」のウサギは短距離ランナーで、瞬発力には優れていても集中力はすぐ切れてしまいます。

ウサギタイプの部下には、集中力が切れた段階で、再度スイッチを入れるためにこの質問法が適しているでしょう。

一方、カメは持続力があり、集中力も長く続きますが、瞬発力はない。

カメタイプの部下には、ときにはダッシュしてもらうために、この質問を使います。

どちらのタイプであっても、最後まで集中したままやりきってもらうための方法です。

やりきる力強化法の目的

米マイクロソフトのカナダの研究チームの調査では、人の集中力の持続時間はたったの8秒しかないそうです。しかも、2000年は12秒だったのが、2013年には8秒まで短くなってしまったのだとか。この先、さらに集中力は落ちていくのかもしれません。

集中力を高めるための方法はいろいろありますが、質問でも、ある程度集中させることはできます。

やりきる力強化法は、いい意味で部下を追い込む質問法です。

たとえば「やります」「できます」と口では言うけれど、実際に行動に結びついてない人は、ウサギタイプの典型です。

話を聞いたときはやる気になっていても、自分の席に戻った時点で、集中力が切れているかもしれません。

また「決まりだから」が口癖の人は、カメタイプに多く見られます。

「決まりだから最初に電話をかけてからメールを送ります」

「決まりだからここに保存しておく」

というように、決まりを口実にする人は、ルールを守ることにおいては忠実です。

しかし、ルール以外のことはしようとしないので、生産性は一向に上がりません。

そういうタイプにやりきる力強化法を使うと、ルールを柔軟に変更する大切さに気づけるでしょう。

やりきる力強化法の質問の基本的なつくり方

副詞を使ったり、表現に強弱をつけたり、話の内容を繰り返すことで、フレーズに緊張感を持たせるのがポイントです。

使い方によって、集中力を3段階で上げられます。

・レベル1「副詞を使う」

副詞とは、動詞や形容詞、形容動詞など、名詞以外を修飾する言葉です。やりきる力強化法では「本当に」「絶対」「必ず」「きっと」「もっと」といった副詞を使います。

部下がダラダラ仕事をしていたり、言われたことしかやらないときなど、目の前の仕事に意識を一気に集中させる効き目があります。

〈質問例〉

「本当にそれが最善の方法ですか？」

「マジにどうしたいの？」

「もっとよくなる方法はあるかな？」

「必ず成功することがわかっていたら、なにをする？」

「絶対ありえないと思っていることは、なんですか？」

・レベル2「強弱をつける」

「圧倒的な」「劇的に」「どうしても」「本気で」などの、強調する表現を使うことで、緊張度を高めます。「120%の力で……」のように、数字でインパクトのある表現をするのもアリです。部下の仕事がマンネリ化していたり、流れ作業的に仕事をこなしているときなどに、真剣度を高める効果があります。


〈質問例〉

「圧倒的な成果を出すには、なにが必要ですか?」

「劇的に変わる方法はありますか?」

「死んでもやらないことは、なんですか?」

「最後のチャンスだと思って取り組んでいますか?」

「あなたは、本気で向き合っていますか?」

・レベル3「繰り返し」

何かを決めた後に「最後にもう一度聞きますが」「あえてもう一度」「念のために聞くけれど」のようにダメ押しすると、覚悟が固まる効果があります。

〈質問例〉
「最後にもう一度聞きますが、そのやり方で本当に大丈夫ですか？」
「念のため聞いておきますが、いまの成果で本当に後悔しないですか？」

やりきる力強化法・実践例その1
「80％の実力しか発揮しない部下」

80％ぐらいで仕事をこなすけれども、100％の力でやろうとしない人。

これはカメタイプの人に多い傾向があります。

こういうタイプは、昔に比べると増えているように思います。

給料が上がらない、会社が保守的で新しいことにチャレンジしない、社内の人間関係がうまくいってないなど、さまざまな理由で全力になれないのでしょう。

こういうタイプは優秀で実力はあるので、完全に腐る前になんとかしたいものです。

ブレイクスルーを起こさせるために、こんな質問を投げかけてみましょう。

「120%の力を使えるなら、どんな自分になれると思いますか？」

カメタイプの人には100%では弱く、120%まで引き上げないと、全力を出そうという気になれないでしょう。

こういうときに、

「君ならもっとやれるんじゃないかな？」

「君の実力はそんなもんじゃないだろ？」

と問いかけたところで、それほど心には響きません。

「この仕事なら、この程度やっておけばいいや」と本人が思っているなら、いくら発破をかけても動こうとしないでしょう。

いま以上の行動をしてもらうという前提で、本人にその方法を考えてもらうと、行動に移そうという気になります。

さらにエッジが効いた質問にするには、もっと強い表現を使います。

「いままで誰も達成できていない成果を上げるには、どうしますか？」

こう聞かれると、思考が一気に広がって、ダイナミックな発想ができるようになります。

「成果」の部分を「スピード」「安さ」などに言いかえることも可能です。

やりきる力強化法・実践例その2

「『とりあえず』が口癖の部下」

仕事を頼んだときに「**とりあえずやっておきます**」と安請け合いするのは、ウサギタイプに多い傾向です。

ウサギタイプが「**とりあえず**」と言い出したら、要注意。まったく集中できていないので、仕事の完成度もイマイチになる可能性大です。

とりあえずやってみて、うまくいかなかったらやり直して、それでもうまくいかなかったら……というループにハマったら、マイナススパイラルに陥ります。

ウサギタイプの集中力が切れているときは、集中力のネジをギリギリと締めるのが一番です。「とりあえず仕事を進めておきます」などと発言をしたら、すかさずこう質問してください。


「この仕事で、絶対に注意すべきことはなにかな？」


この質問を投げかけたら、「え、注意すること？」と考え込むでしょう。

そうすれば仕事に意識が集中します。

答えはあってないようなもので、部下が「クライアントが判断に困らないようにすることだと思います」などと答えたら、「そうだね、それを注意してほしい」とうながせば、それを念頭に置いて作業を進めるはずです。

さらに集中してもらうには、まず相手に仕事の進め方を聞きます。

そのうえで、

「最後にもう一度聞きますが、そのやり方で本当に大丈夫ですか？」
「なにか言えないことはないですか？」

のようにエッジの効いた質問をすれば、「大丈夫です」と答えると同時に、その仕事への覚悟が生まれるでしょう。

こういったやりとりを繰り返しているうちに「とりあえず」という思考は減って、いつも集中している状態になると思います。

POINT

最後まで集中してやりきってもらうため「やりきる力強化法」を使う

④ 原因深掘り法

部下の仕事のスピードや生産性が低いときや、仕事の進め方にムダが多くやり直しが多いとき。「原因深掘り法」は口頭で注意するだけでは、なかなか状況がよくならないときの根本的な解決法です。

同じ失敗や小さなミスが減らない〝ミスのリピーター〟にも適しています。

原因深掘り法の目的

ミスの多い部下、仕事にムダが多い部下、仕事が遅い部下。

どれも上司からは、仕事ができない部下と認定されそうなタイプです。

しかし、部下のミスやムダがなかなか減らないのは、性格のせいというより、その原因を突き止めようとしないのが主な理由です。

原因には「表面的な原因」と「深層の原因」があります。

たとえば、同じ失敗を繰り返している人は、そそっかしい、忘れっぽいというのが表面的な原因かもしれません。実際には、次からは気をつけようと思うだけで、なぜ失敗したのか、どうすれば失敗しなくなるのかまで考えようとしないところに、本当の原因がある場合が多いのです。

そういうときに隠れている深層の原因を掘り出していくのが、原因深掘り法です。

表面的な原因だけではなく、裏にある原因も深掘りしなくては本当の解決はできません。それができれば抜本的な改善策を考えられるので、結果的に生産性を上げられます。

根本的な原因がわからないまま解決策を実行しても、その場しのぎにしかなりません。結局、部下のミスやムダは減らないままです。

一度、とことん本当の原因を追及するだけで、劇的に仕事の生産性は変わります。

原因深掘り法の質問の基本的なつくり方

原因深掘り法の質問のつくり方はシンプルで、質問に「WHY」と「HOW」を入れるだけです。それを使って何回も繰り返し問いかけます。

「その仕事を**〝どのように〟**やっていますか？　それは**〝どうして〟**ですか？」
「そもそも、**〝なぜ〟**その作業が必要ですか？　それは**〝どうして〟**ですか？」

「WHY」を繰り返す方法で有名なのは、トヨタ生産方式の「5回のなぜ」です。「なぜ？」を5回繰り返して問いかけると、問題の根本原因を突き止められるという方法で、いまでは「なぜなぜ分析」とも呼ばれています。

それと同じで、「どうして？」「なぜ？」と何度も問いかけることで思考停止に陥るのを防ぎ、問題の本質にたどりつくことができるのです。

逆に言えば、問題の本質にたどりつくまで、問い続けなければなりません。

その場合、「どうしてそうなったの？」「なんで？」と、ずっと同じ質問を繰り返していたら尋問になるので、要注意。

「どうしてそうなったの？」

「どうしてその作業が必要だと思ったんだろう」

「指示された作業以外のことをしてはいけないと思っているのはなぜだろう」

という具合に、質問の切り口を意図的に変えていけば相手を追い詰めないでしょう。

原因深掘り法・実践例その1

「勝手に仕事を進める部下」

指示待ち族は困りますが、上司の判断を仰がずに勝手に仕事を進めてしまう部下も困ります。自分の判断で動く人と、勝手に仕事を進めてしまう人の区別は、なかなかつけづらいものです。

優秀な人は、自分の判断で進めつつも、要所要所で上司に確認を取ったり、まわりに進捗状況を報告するなど、チームの足並みを乱さないようにします。

そういうのを一切無視して、「A社との契約を取ってきました」などといきなり報告して周囲を慌てさせる人には、原因深掘り法を使ってみましょう。

上司「どうして事前に相談をしなかったのかな？」

部下「いつも『自分で判断して動け』って言ってるじゃないですか」

上司「確かに私はいつもそういう話をしている。それが誤解を招いたのなら申し訳ないけれど、すべてをこちらに確認しながら進めるのではなく、要所要所で相談してほしいと思っているんだ」

部下「そんなこと言われても、僕にはその要所要所が判断できません」

上司「なぜ判断できないんだろう？」

部下「なぜって……人によって大事だと思うポイントが違うし」

上司「確かにそうだね。君にとっての大事なポイントはどういうところだと思う？」
部下「契約が決まる前とか」
上司「それは大事なポイントだね。今回はなぜ、その大事なことをしなかったのだと思う？」
部下「ちょっと焦っていて……」
上司「なにを焦っていたんだろう」
部下「同期の山田のほうが契約を取っているから……」
上司「山田君の営業成績が気になるんだね。その気持ちはわかるけど、焦って契約を取るのはリスクが高いから、気をつけたほうがいいと思う」
部下「ハイ……」

このような感じで、「ＷＨＹ」と「ＨＯＷ」を繰り返し使って問い続けると、深層の原因が明らかになります。

ひと言、「契約前に相談しろ」と注意すれば済むかもしれませんが、それだと「普段は自分で考えて動けって言ってるのに！」と反発を招く可能性があります。

また、自分の指示が曖昧であったことを認め、次回の軌道修正を考えてもらうことで、自分で判断して動くこと自体は継続してもらえます。

少し時間がかかっても、原因深掘り法を使って問題を掘り下げたほうが、勝手に仕事を進めることは減るでしょう。そして、ここでの対応を間違ってしまうと、指示待ち族を増やしてしまうことになります。

原因深掘り法・実践例その2
「自分に自信がない部下」

傍から見たらそこそこ仕事はできているのに、自分は仕事ができないと思い込んでいる若者は結構います。

とくにいまの若者は自己評価が低い人が多いので、新人の頃はそれぐらいできなくて当たり前と周囲が思っていても、本人はこの世の終わりぐらいに落ち込んでいることもあります。

そういうタイプには、すかさず手を差し伸べるのが理想的です。**マジメな性格だから思いつめるのであり、自分に自信を持てたら一気に花開く可能性を秘めています。**

私も、最初は「大丈夫だろうか？」と心配になるほど自信がなく、不安そうだった若手たちが、上司や周囲が辛抱強くサポートしたおかげで、明るくなり大化けして大活躍するようになった例を多く見ています。

部下に自信がないようなら、まずは自分で何がダメだと思っているのかを聞いてみます。

「なぜ難しいと思っているんだろう？」

「なぜ苦手なの？」

このように「ＷＨＹ」と「ＨＯＷ」を使った質問で、どのような部分に問題を抱えているのかを探ります。

もし部下が、「営業トークに自信がない」というのなら、さらに掘り下げます。

「なぜ営業トークがダメだと思っているのかな？」

「商品をよく知らないから自信がないのなら、どうすればいいと思う？」

「なぜ勉強するための時間を取れないのかな？」

このように、「どうして」「なぜ」を繰り返しながら、深層の原因を突き止めます。

すると、営業トークに自信を持てないのは、商品の勉強をしようと思いつつも、先延ばしにしてしまう自分に嫌気がさしているからだとわかるかもしれません。さらに、商品をあまり好きではないから先延ばしにするのかもしれません。

本当の原因がわかった時点で、どのように解決すればいいのかを考えれば、根本的な解決策になります。

POINT

ミスのリピーターには「原因深掘り法」を

⑤ やる気スイッチ発見法

「やる気スイッチ発見法」は、部下のやる気やモチベーションが落ちているときに、効果的な質問法です。

人が、やる気やモチベーションが下がる原因はさまざまです。

共通するのは、多くは何か不満や不具合があるということ。

給料が安い、人間関係がうまくいかない、体調が悪いなど、何が不満や不具合の原因になっているのかについては、前述した原因深掘り法で深掘りします。

その後、やる気スイッチ発見法を使えば、やる気やモチベーションが回復します。

やる気スイッチ発見法の目的

やる気やモチベーションは、「もっとやる気を出せ」「がんばればなんとかなる」と発破をかけるだけでは上げられません。

5つの質問の中で最も感情にフォーカスしたのが、このやる気スイッチ発見法です。

仕事の生産性を高めるのも、スピードを上げるのにも、やる気やモチベーションといった、気持ちの部分が大きく影響しています。そのやる気にスイッチを入れて、再びエンジンをかけるのがこの方法なのです。

なにがモチベーションややる気の源になっているのかは、人それぞれです。お金かもしれませんし、実績かもしれませんし、仕事のやりがいや、人からの評価かもしれません。

それを引き出して上司と部下で共有すれば、部下の元気がないときにどう対処すればいいのかが見えてきます。

大切なのは、何があっても相手を否定しないこと。褒めて甘やかすのではなく、考えを理解して認めてあげることです。「仕事のやりがいって、お金だけではないと思うよ?」などと言ったとたんに、心のシャッターは勢いよく閉められてしまいます。

やる気スイッチ発見法の質問の基本的なつくり方

やる気スイッチ発見法は、使ったほうがいい単語が決まっているわけではありません。初心や本質に立ち返るような質問をしたり、新たな目標を立てたり、できたことやリスクを見える化したりして、モチベーションを与えるのではなく、自分で再発見してもらいます。次の4つの効果に基づいて、使い分けましょう。

(1) 初心を思い出してもらう

普段ワクワクしていることや、いままで嬉しかったことを相手にイメージしてもらい、どうすれば気持ちが上げられるのかを探り出します。初心や本質に立ち返れるような表現を使うと、見失っていた思いが再燃するかもしれません。


〈質問例〉

「この会社で最初に成功したことはなんですか？」

「この仕事をやっていて一番嬉しかったことはなんですか？」

「そもそもこの会社で、なにを実現したいと思ったのでしょう？」

(2) 未来に目を向けさせる

自信を失ったり、自分を過小評価しているような部下には、未来をイメージしてもらい、気持ちを前向きにします。

新たな目標を立てるところに話を持って行ってもいいでしょう。

〈質問例〉

「この仕事で、あなたの将来につながるものはなんですか？」

「ワンランク上がるために、いま仕事でクリアしておきたいことは？」

「その仕事が終わったら、なにをご褒美にしますか？」

（3）「できていること」に目を向けさせる

同じく、自信をなくしていたり、行動を起こすのを恐れている部下には、いまできていることを再認識してもらいます。

質問で〝できている仕事の見える化〟をできれば、なにもできないと思っていた自分が意外とできているのだと気づき、やる気が芽生えるでしょう。

上司が「**君はこんなことができているよ**」と教えてあげるより、自分で気づくほうが喜びは大きくなります。

〈質問例〉

「仕事で上司や先輩に頼らずに自分でコントロールできていることはなんですか？」

「自分なりに工夫できているポイントはなんですか？」

「経験がなかったのに、できるようになったことはなんだろう？」

（4）不安感を減らす表現を使う

自分を見失っていたり、新しいことにチャレンジするのをためらっているような場合は、不安を減らす手助けをします。


〈質問例〉

「トライしてみることで起きそうな一番のリスクはなんですか？」

「どんなサポートがあれば、仕事の不安は取り除けますか？」

やる気スイッチ発見法・実践例その1

「伸び悩んでいる部下」

仕事である程度は成果を出していても、イマイチ突き抜けられない。

そんな部下に、ワンランク上に行ってもらうためにはやる気スイッチ発見法が有効です。

たとえば営業成績がずっと4位で、TOP3に入ることができず、さらに4位をキープするのも難しくなってきたとき。

「君なら3位以内に入れるだろう？　どうしたの？」

と聞いたら、おそらく相手のモチベーションは下がります。本人としても、何とかしたくてもできない状況なのですから。

こういう場合は、

「4位をキープできていたのは、なにができたからだろう？」

と、まずいまできていることに目を向けさせます。

自分には実力がないと落ち込んでいるなら、4位をずっとキープしていること自体がなかなかできない行為なのだと気づかせてあげたほうがいいでしょう。いまの自分にできていることがあるのだとわかれば、一歩踏み出す勇気が出るはずです。

さらに、

「この仕事で得られる、かけがえのないものはなんですか？」

と、大きなテーマをあえて聞いてみるのもおススメです。

これは相手の価値観を問う質問です。

お客さまに喜んでもらえる、お客さまの役に立てるといった、人への貢献に価値を感じている人もいれば、数字で結果を出すことに意義を感じている人もいるでしょう。

どの考えが正しいかという話ではなく、相手の価値観を知ることが重要なのです。

もし、部下が「多くの人と出会えることだと思う」と答えたなら、営業成績の結果にはそれほど執着していないと考えられます。それなのに成績を競わないといけないので、モチベーションが落ちているのかもしれません。

部下の本音を聞くためにも、

「その出会いで得られるものは、なんだろう?」

「それをもっと得るためには、なにをすればいいだろう?」

と重ねて問いかけます。

最終的に「人とのつながりを強くするために、既存客を大事にしたい」などと本人が述べたのなら、それがモチベーションを上げるための方法になります。

あとは、部下の望んでいることを実現できれば、部下はやる気に燃えて、営業成績も上がるかもしれません。

やる気スイッチ発見法を通して相手の価値観を知ると、その先もずっと部下のやる気やモチベーションを高めるために使えます。

「彼は人とのつながりを重んじているから、後輩の指導を任せたらやりがいを感じるかもしれない」という具合に、なにを任せるかの判断にもなるでしょう。

人はやりがいを感じると想像以上の力を発揮します。

相手の価値観や理想、あるいは不安や感情を知ることは生産性とは関係ないと思うかもしれませんが、それにより信頼関係を強めることができます。

部下は上司から信頼されないと、生産性を上げることはできないのです。

やる気スイッチ発見法・実践例その2
「急激に失速している新入社員」

最初はやる気に燃えていても、現実に直面して、急速にやる気がしぼんでいく新入社員はめずらしくありません。いわゆる五月病です。

そういう新入社員に対して、「世の中はそんなもんだよ、甘くないんだよ」などと語ってしまったら、モチベーションをさらに下げてしまいます。

「この仕事は自分に合わない」

「自分のやりたいことをやらせてもらえない」

そんな不満を漏らすようになったら、すかさずやる気スイッチを入れましょう。

この仕事は自分に合わないと嘆くのなら、

「いまの自分に合わないなら、未来の自分ならどうだろう？」

と問いかけて、未来永劫ではなく、いまだけ合わないということにします。

部下は「**いま合わないいから悩んでいるんです**」などと反論するかもしれません。しかし、未来はわかりません。それに気づくだけでも、この質問は効果があります。

エッジを効かせるのなら、

「**この仕事で、あなたの将来につながるものはなんですか？**」

と、さらに未来に目を向けさせること。

基本的に、どんな仕事でもムダになるものはなく、将来につながる要素があります。それを自分で見つけられれば、仕事の取り組み方が変わるでしょう。

また、「自分のやりたいことをやらせてもらえない」と不満を漏らす部下には、

「**ワンランク上に上がるために、いま仕事でクリアしておきたいことは？**」

と、エッジが効いた質問をすれば、目先のことしか見えていない意識を将来に向けさせることができます。

これは、自分がいまよりもステップアップするという前提で、いまの仕事でやるべきことを聞いているので、やりたいことにこだわっている思い込みの枠を壊せます。

もちろん、「自分のやりたいことって、どんなことだろう？」と聞いてみるのもアリですが、それだと〝いまはやりたいことができていない現実〟をあらためて認識することになるので、部下の気持ちはそれほどアガりません。

現実的には、部下のやりたい仕事を任せられない場合が大半なので、そこにこだわる思い込みの枠を外したほうが、本人も楽になれるし、視野も広がるはずです。

急速にやる気を失う新入社員は、元々はやる気を持っていたので望みはあります。

完全に腐ってしまう前に、早めに「アゲる質問」をして、やる気を少しでも復活させてあげてください。

POINT

モチベーションを与えるのではなく、自分で再発見してもらう

第5章

自分のための
アゲる質問
「セルフコーチング」

スティーブ・ジョブズもやっていた「セルフコーチング」

この本ではずっと、部下をアゲる方法をご紹介してきました。

しかし、私は大事なことを言い忘れていました。

それは、まず自分がアガっていなければ、部下をアゲられないということです。

人間は感情の生き物です。気分だけで世界の見え方、人の見え方、物事のとらえ方はすべて変わります。そして、その気分は周囲に伝わります。

あの部下をどうしても認められない、受け入れられないという方もいるかもしれません。

そういう場合は部下に問題があるのではなく、たいてい自分に問題があります。

こういうときは、まず自分をアゲるためにセルフコーチングをしなくてはなりません。

そのためには部下の立場になって考え、自分自身に「アゲる質問」をしてみるのです。

「部下が自分に期待していることはなんだろう？」

「仮に自分が、部下として自分の下で働いたら、どうしてほしいか？」

「仮に自分が、部下として自分の下で働いたら、成長できるか？」


どうでしょう。どのような答えになりましたか？


「部下は自分にリーダーシップを期待しているだろうけど、自分にそれがあるかどうか」

「自分が自分の下で働くのは嫌だな。指示の仕方が下手だし、いつもイライラしているし」


こういう感じで、自分の至らない部分が見えてきたのではないでしょうか。

部下を認められないとき、部下はなにを感じて、自分になにを望んでいるのかを考えると、自分自身が変わらなければならないという事実に目を向けられます。

部下に挑戦してほしいなら、あなたが昨年した挑戦が、どれほど難しいチャレンジであったのか考えましょう。もしあなた自身があまり失敗していなかったなら、部下も当然失敗しなくなります。

この章では、自分のための「アゲる質問」についてお話しします。

自問自答して問題を解決したり、モチベーションを上げる方法を「セルフコーチング」といいます。

あのスティーブ・ジョブズも、毎朝必ず鏡を見て、「今日が人生最後の日だとしたら、自分が今日やろうとしていることは、本当にしたいことだろうか？」と自問したそう。これもセルフコーチングです。

1日の始まりに、1日の終わりに、壁にぶつかったときに、嫌なことがあったときに、嬉しいことがあったときに、自分に問いかけてみてください。

自分自身と向き合うことで、気づかなかった自分の本心が見えてくるでしょう。**自分の意識を変えることで、「なりたい自分」になる効果もあります。**

心の中で自問自答してもいいですし、答えを紙に書くのもおススメです。紙に書くと問題点を視覚化できます。

セルフコーチングは、すぐに答えが出ることもあれば、なかなか出てこないこともあります。**基本的には、答えが出るまでずっと質問をし続けるのがポイントです。**

たとえば、ある部下に対してイライラするのなら、

「どうして、自分はあの部下に対してイライラするのだろう？」
「嫌いだから？　なぜ嫌いなのだろう？」
「彼の態度のどんなところが嫌なのだろう？」

という感じで、どんどん掘り下げていきます。

最後には、「自分の意見に耳を傾けてもらえないのが、拒絶されたようで傷つくから」というように〝じつは自分が傷つきたくないだけ〟という答えにたどり着くかもしれません。

大切なのは、自分の中の本当の答えを言語化して知ること。それだけで不思議なぐらいに気持ちがスッキリする場合が多いのです。

これをしないと、ずっと部下の行動を頭の中でリピートして、「あのとき、ああ言って

やればよかった！」などと悔しがったりします。それだと意識が問題にとらわれたままになって、自分自身がずっと苦しむことになるでしょう。

自分の心を軽くするには、とことんまで突き詰めて考えて、答えを出す。生産性を上げるためにも、自分の心を軽くするのは大事です。

多くの人は自分の心の声にフタをして生きているものです。自分をごまかして生きているから、人を受け入れられなくなるし、仕事にもやる気が出なくなる。

できれば、毎日5分間でもいいので、セルフコーチングを試してみてください。

POINT

毎日5分、自問自答でセルフコーチング

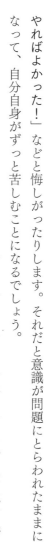

フィードバックするときは？

私のクライアントのなかには、毎週末にその週を振り返って、来週はなにをしたらいいのかをフィードバックしている方がいます。


「今週はどういう週だっただろう？」

「なにがムダに時間がかかっただろう？」

「次回もう一度やるとしたら、どううまくやるか？」

「来週の大事なミーティングはなんだろう？」

「そのためにどんな準備をすべきだろう？」

このように仕事の優先順位を確認して、どのようなスケジュールで進めていくのかを考えます。そうすれば、月曜の朝からムダなく仕事を進められるのです。

同時に、長いスパンでの自分のやるべきことも考えているそうです。

「今年後半でやるべき、2つのことはなんだろう?」

「そのために、やめるべきことはなんだろう?」

という具合に。

たいていはやるべきことのみを考えるものですが、やめることをセットで考えるのもフィードバックとして効果的です。

経営の神様、ピーター・ドラッカーは、

「手っ取り早く、しかもおそらくもっとも効果的に知識労働の生産性を向上させる方法は、仕事を定義し直すことである。とくに、おこなう必要のない仕事をやめることである」(『プロフェッショナルの条件』ダイヤモンド社)

と語っています。

成果を上げるために〝やめる〟という決断をするのも、ときには重要なのです。

このときに大切なのは、ポジティブな「アゲる質問」をすること。

「今週の商談は時間がかかったけれども、結局契約までいかなかった。あの優柔不断なクライアントに、どうやって決断してもらえばいいんだろう？」

などとネガティブな要素満載の「サゲる質問」をしたら、ボヤきモードに突入します。

「今週の商談で契約できなかったのはなぜだろう？」

「どうすればクライアントを説得できるだろうか？」

という感じでネガティブな感情を切り離すと、同じ問題でも「アゲる質問」になります。

POINT

〝やめる〟という決断も重要。ただしその際は自分に「アゲる質問」を

思うような成果を出せないときは？

決して手を抜いているわけではなく、がんばっているのにまったく結果が出ないときは誰にでもあるでしょう。

そういうときは焦ったり苛立ったり、「自分はついていない」「なにをやってもムダ」とすべてを投げ出したくなったりします。

どんなにすぐれた野球のバッターでも、打率はいって3～4割です。

それはつまり、6～7割はアウトになっているということ。10回連続で打てたとしても、そこから12回連続でアウトになるかもしれません。もちろんケガに泣く場合もあるでしょう。

そんな不調のときこそ、「アゲる質問」でセルフコーチングをしてください。

「これを乗り越えると、これからの人生にどうプラスになるんだろう？」
「この逆境を一番のプラスにするにはどうすればいいだろう」
「この経験をどう役立てようか？」

これらはすべて未来に目を向ける質問です。

自分はついていないなどと内向き思考になっているときに、「なにが原因でこうなっているんだろう？」と原因を掘り下げる質問をすると、よほどメンタルが強い人でない限り、さらに落ち込むばかりです。

まずは第3章で紹介したチャンクアップで、未来を大きくイメージしてみること。そうすれば気持ちが前向きになり、逆境に立ち向かおうという気になってくると思います。

私の経験則で言うなら、たいていのことはなんとかなるという気持ちでいると、本当になんとかなります。

そこまで気持ちをアゲるために、その逆境を乗り越えた先にいる未来の自分をイメージしてみましょう。

タレントの明石家さんまさんは、娘に〝生きているだけで丸儲け〟という意味の〝いまる〟という名前をつけました。常に〝生きているだけで丸儲け〟精神でいれば、どんな困難も乗り越えられるのではないでしょうか。

POINT

不調のときこそ「アゲる質問」でセルフコーチング

仕事がマンネリ化しているときは？

ベテランになればなるほど、経験則で仕事をこなせるようになるので、どうしてもマンネリ化してしまいます。

マンネリから抜け出せないのは、それ以上がんばらなくても仕事をこなせるので、楽な状態にいるからです。

「何となくやる気が起きないな」という段階で手を打たないと、下手をすれば、無気力な状態から抜け出せなくなります。

マンネリから脱するために、「初心を思い出せ」とよく言われます。

しかし、思い出せてもそのときの気分にはなかなかなれません。

私自身は、若者や新入社員を指導するときに、刺激を受けて初心に返れることがしばしばあります。

自分で初心に返るには、自分に「アゲる質問」をします。

「初めて成功したことはなに？」

「これまでの仕事で一番嬉しかったことはなに？」

とやる気スイッチ発見法で初心を思い出すのです。

ほかに、自分のモチベーションを上げるような価値観を使って、質問をする方法もあります。

たとえば、人のために役立つのがモチベーションになるという価値観なら、

「チームの人たちはどうすれば必ず喜ぶ・助かるだろう？」

「自分が一番尊敬する人（リーダー）なら、どういう決断（行動）をするだろう？」

という質問を投げかけてみます。

顧客を幸せにしたいという価値観なら、

「もし顧客が喜ぶのなら、自分はどういうアクションをすればいいんだろう？」

という質問もいいでしょう。

あるいは、

「やってみるに値しないと感じているのは、なぜだろう？」

「変化するチャンスにするのには、どうすればいいのだろう？」

と新しい変化を促す質問を投げかけてみると、気持ちをリセットできます。

POINT

初心に返るために、やる気スイッチ発見法を自分に使う

やる気が出ないときは？

仕事のノルマがきつい、人間関係でうまくいかない、やりたい仕事ではないなど、やる気が出ない原因はさまざまです。

心理学者のアルフレッド・アドラーは、**「やる気がないのは自分でやる気をなくすという決断をしたからだ」**と言っています。

要するに自分で自分を縛っているのです。

人から「やる気を出せ」と言われても、まったく出す気になりませんが、自分を止めている何かを取り除いたら、やる気を取り戻せるでしょう。

どうしてもやる気のスイッチが入らないなら、「アゲる質問」で強制的にスイッチを入れます。

まずなにが自分を止めているのか、原因深掘り法でとことん追及しましょう。

その後、やる気スイッチ発見法で質問してみるのです。

「本当に本気で向き合っているか？」

「いま本気にならなくて、いつ本気になるのか？」

「自分の本気度は、いま100点満点中何点だろう？」

このように自分に本気度を問うと、

「いや、本気でやってない」

「いま本気になるしかない」

と、エンジンがかかります。

フィギュアスケートの羽生結弦選手は、スケートリンクに出たときに、「できる、できる、できる」と声に出して言い聞かせてから演技に入ると、インタビューで語っていました。

自分自身に前向きな宣言をすることを「アファメーション」といいます。

やる気が出ないなら、声に出して言い聞かせるのも、スイッチを入れるためのひとつの方法です。

また、自信がなくてやる気が出ないときは、

「自分が絶対にやり遂げると決意（決断）するには、なにが必要か？」

「どうすればやりきる自信が増すだろう？」

といった質問で、自分の自信の源を探り出しましょう。

あるいは、

「誰から励まされるとやる気が出るか？」

「3年後の自分がいまの自分を褒めるには、なにが必要だろう？」

と、自分へのご褒美を考えてみるのも、やる気を引き出す方法のひとつです。

POINT

アファメーションで、強制的にやる気を出す

大失敗したときは？

大失敗をすれば、誰でも平常心を失い、ネガティブになります。

失敗の処理が終わったら、しばらくはその失敗を考えず、ほかのことをしましょう。時間が薬になるのです。

そして気持ちが落ちついてから、セルフコーチングをしてください。

大失敗したときは、あなたはどのように自分の心と向き合っていますか。

「なんであんな失敗をしてしまったんだろう？」

「もっとうまくやれる方法があったんじゃないか？」

「別の方法を選んでいたら、どうなっていたんだろう？」

こういった質問を投げかけているのではないかと思います。

これは自分を責める質問で、気分が上がるどころか果てしなく下がるばかりです。

「どうして、オレはいつもこんな目に遭うんだろう？」

などと、最後には完全に嘆きモードに入ってしまいます。

フィードバックは大事ですが、失敗をとことん追及するのは精神的につらいでしょう。

こういうときこそ「アゲる質問」が助けてくれます。

やる気スイッチ発見法で、

「うまくできたことはなんだろう？」

とできていることに目を向けたり、

「次は成功するためにはどうすればいいだろう？」

などと未来に目を向けると、気持ちが上向いてきます。

POINT

時間を置いて、気持ちが落ちついてからセルフコーチング

「自分はいまの仕事に向いていない」と思うときは？

部下が指示通りに動いてくれなかったり、チームの成果をなかなか上げられなかったら、自分はリーダーには向いていない……と投げ出したくなるでしょう。

それは、自分自身を思い込みの枠にはめてしまっているようなものです。思い込みの枠から解き放たれるために、「アゲる質問」をしてみてください。


「自分はリーダーに向いていないと思うのはどうして？」

「自分はどんなことが不可能だと思い込んでいる？」

「自分はどんなことが可能だと思い込んでる？」

「ほかにどんな考え方ができる？」

原因深掘り法やタラレバ突破法を使ううちに、思い込みの枠は外れます。

たいてい自分を認めてあげられないのは、自分自身です。

気が小さいから、人をまとめられないから、うまく指示を出せないから……と向いていない理由はいくらでも出てくるでしょう。

理由が出て来たら、その次に「思い込みがあるか？」と投げかけると、「自分でそう思っているのは、じつは思い込みなのかもしれない」と、とらえ方が少しずつ変わります。

そうやって、完璧ではないけれどもリーダーとして奮闘している自分を受け入れられたら、気持ちはずっと楽になるはずです。

そして、「リーダーに向いていない」という思い込みの枠が外れたら、こんな質問を投げかけてみましょう。

「自分が本当に必要としているものはなんだろう？」

誰かのサポートだったり、部下に指導する時間かもしれません。それを手に入れるために行動を起こしたら、自信を取り戻せると思います。

そもそも、最初から自分に向いている仕事はほとんどありません。自分を仕事に合わせるしかないのが現実です。

辞表を書く前に、自分はいまの仕事からなにを得られるのか、どう成長できるのかをセルフコーチングしたほうが、きっと次のステップに進めます。

POINT

原因深掘り法やタラレバ突破法で、思い込みの枠を外す

大きな仕事を任されて不安なときは？

ベテランになればなるほど、責任の重い仕事を任されるようになります。

社運を賭けたプロジェクトを任されたとき、不安とプレッシャーで押しつぶされそうになることもあるでしょう。

「失敗したらどうしよう」

「部下にバカにされたら耐えられない」

「部長の評価がガタ落ちしたら飛ばされるかも」

そんなネガティブな考えばかりがグルグル回り出したら、まずは深呼吸して、自分に問いかけてみてください。

「どうすれば不安を解消できるだろう？」
「不安がないなら、自分はなにができるだろう？」
「それができない理由はなんだろう？」
「やらないリスクはどれぐらいだろう？」
「後でどれほど後悔するだろうか？」

このとき、答えを紙に書きだすと、気持ちを整理できます。

不安と向かい合っていると、さらに不安になるだけのように感じるかもしれません。

しかし、不安になっている原因を探り当てたら、「それをどう解消すればいいか」という思考になれます。

プロジェクトが失敗するのではないかと不安になっているのなら、なぜ失敗すると思うのかを考えてみます。そうすると、「本番当日に段取りがうまくいくかどうか」が不安という原因にたどり着くかもしれません。

それなら、段取りがうまくいくようにスケジュールを見直したり、リハーサルを何度も繰り返せば解消できるでしょう。

あるいは、

「自分はなにさえできれば幸せ?」

「自分にとって一番大切なものは何だろう?」

「はっきりした問題をどうやって解決しよう?」

と、大きなテーマを投げかけてみると、不安は薄れます。

不安なときこそ、恐れずに心と向き合ってみると、いままで知らなかった本当の自分が見えてくるかもしれません。

POINT

不安は紙に書き出してみる

チームの雰囲気が悪くなっているときは？

これはもう、会社に行くのが嫌になるようなシチュエーションです。

私もインテル時代は、チームの雰囲気を最悪にしまくっていたのですが、ずっと部下たちに問題があるせいだと思っていました。

しかし人事部門からのサポートもあり、コーチングを学んでから、あるときふと、このように思ったのです。

「問題があるのは自分のほうではないか？」

「自分の圧が強すぎるのではないか？」

そこで、部下たちはチームのためになにも貢献してくれないという考えを、自分を主語にして考えてみることにしました。

「自分は、このチームのためにどんな貢献ができるんだろう？」
「自分は、なぜ本気でチームの雰囲気をよくしようとしないんだろう？」

原因深掘り法で質問をしているうちに、自分が変わればチームの雰囲気も変わるという答えにたどり着きました。

そこで、部下のできているところを見つけて褒めたり、仕事が終わってから一緒に飲みに行って、プライベートの話や趣味・価値観を聞いたりするようになったのです。

他愛のない変化だと思いますが、自分の行動を変えたら実際にチームの雰囲気はよくなっていきました。

たいていチームの雰囲気が悪いときは自分以外に問題があると思い込み、「**あいつがチームの和を乱している！**」などと犯人を決めつけてしまいます。

たとえチームの和を乱している部下がいたとしても、上司がその異端の部下を受け入れられるかどうかでチームの雰囲気は変わります。

チームや部下は、自分の行動を映す鏡なのだと思ってください。

自分も悪いけれども、部下も悪いという考えではダメで、100%自分が悪いと考えること。そうすれば部下を受け入れられます。

それに気づくためにも「アゲる質問」で自分に変化を起こしてみてください。

セルフコーチングでは効果がないなら、私のコーチングを受けに来ていただければ、一緒に「アゲる質問」を考えるお手伝いができると思います。

POINT

自分が100%悪いと思うと、雰囲気がガラっと変わる

あとがき

最後まで読んでくださって、ありがとうございました。本書を通じて、読者の皆さまが少しでも生産性を上げるための考え方や、行動を変える方法が見つかれば嬉しいです。

高度成長期の会社員時代の私は、成果を上げるには、上司が激しく指示・命令をするのが一番だと思っていました。しかし、最近のスポーツ界における数々のパワハラ事件や、一流企業での改ざん・偽装・若手退職者の増加をみるにつれて、日本でもついに競争や恐怖心で支配する昭和のマネジメント（トップダウン、画一的指示、上司に逆らえない雰囲気）が大きく崩れてきているのを感じます。

多様化が進む社員の個性に対応して、個々の内発的動機を理解し、生産性アップに結びつける。そのためには、自分にも相手にも深い気づきを与え、行動に結びつくような「アゲる質問」と、それを励ます「コーチング」が、最も効果があると考えています。

いまやるべきことの中でなにが一番大切なのかに「アゲる質問」で気づいてもらい、できる行動を達成させて自信をつけさせ、体系的・構造的に成長を支援するコーチング需要は、今後日本企業でも増大していくという信念のもとに、この本を執筆いたしました。

ＧＡＦＡ（Google、Apple、Facebook、Amazon）が超大企業に成長した例からもわかるように、今後なにが成長して何がうまくいくかなんて誰にもわかりません。

常に心をオープンにして、「人に直接聞いてみる」「違うと思ったらまた別の方法で行動してみる」といったことを楽しんでできるかどうかが、大切になってくると思います。

本書にあるケースや質問のパターンは、実際の企業研修や大学講義、ベンチャーでのコーチングにおいて、数千人と直接対話してきた経験から抽出・整理したものです。

紙幅の都合上、ここではとくにお世話になった方だけご紹介したいと思います。

まず、ビジネスコーチ株式会社の細川社長、橋場副社長には、数々の貴重なセミナー講師やコーチングの機会をいただきました。跡見学園女子大学マネジメント学部の高橋先生、筑波大学グローバル教育院エンパワーメント情報学プログラムの濱川先生からは、学生たちへの講義を通じて、理想的なコミュニケーションについて、貴重な若手からのフィードバックをもらうための機会をいただきました。

ベンチャー企業の株式会社ヒトクセの宮崎社長と、株式会社manebiの田島社長とは、起業時より5年以上にわたって、社員全員と面談を続けさせていただいたことで、現在の若手社員の実像と、キャリアに対する理想と悩みも深く理解する手助けとなりました。

そして、本書の出版を助力してくださった、きずな出版の小寺編集長にお礼を述べたいと思います。なかでもお礼をしてもしきれないのは、前著に続きご担当いただいたアップルシード・エージェンシーの宮原さんと、編集協力をしていただいた大畠さんです。これまで3人でさまざまなコンテンツを考えてきました。お二人のコンテンツに対するセンスと、そのプロとしての執念は本当に頭が下がります。

最後に私が国連、インテル勤務時代、フリーとして独立後を通じて、いつも支えてくれている、妻の千春に心から感謝したいと思います。

そして、本書を読んでくださったあなたに心からお礼を申し上げます。

本当にありがとうございました。

板越正彦

【主な参考文献】

『コーチングの神様が教える「できる人」の法則』マーシャル・ゴールドスミス＆マーク・ライター・著（日本経済新聞出版社）
『コーチングのプロが使っている質問力ノート』ルパート・イールズ＝ホワイト・著（ディスカヴァー・トゥエンティワン）
『アルフレッド・アドラー 人生に革命が起きる１００の言葉』小倉広・著（ダイヤモンド社）
『部下を伸ばすコーチング』榎本英剛・著（ＰＨＰ研究所）

著者プロフィール

板越正彦（いたごし・まさひこ）

元インテル株式会社（日本法人）執行役員。1960年生まれ。東京大学文学部心理学科卒業後、石油化学メーカーJSRに入社し7年勤務。サンダーバード大学大学院にてMBAを取得後、ユネスコ（国際連合教育科学文化機関）勤務を経て、94年にインテルに入社し、21年間勤務。シリコンバレー本部での勤務を含めて15以上のセクターで活躍した。

インテルでは順調に業績を上げ本部長に昇格。ところが、昇格直後の赴任先で部下から受けた「360度フィードバック」で100点満点中20点と、全世界における同社のセールス&マーケティング部門のリーダー中下位5%に含まれる最低評価を受け、クビ寸前に。そこからコーチングを学び、部下との付き合い方を変え始める。 その後、「アゲる質問」を編み出して取り入れたところ、チームの業績が大幅アップ。同社のトップ0.5%だけが参加できる「リーダーシップサミット」に2年連続選出された。

インテル在職中の2012年にビジネスコーチ社でコーチングの資格を取得。3年間で約1000人を対象にワークショップやエグゼクティブコーチングで成果を上げ、独立。現在はベンチャー向けにコンサルティングを行うほか、跡見学園女子大学大学院、筑波大学大学院、東京医科歯科大学大学院などで講師も務め、最新コーチングのメソッドを世に広めている。

著書に『部下が自分で考えて動き出す上司のすごいひと言』（かんき出版）がある。

仕事が変わる!「アゲる」質問

2018年12月1日　第1刷発行

著　者　　板越正彦

発行人　　櫻井秀勲
発行所　　きずな出版
東京都新宿区白銀町1-13　〒162-0816
電話03-3260-0391　振替00160-2-633551
http://www.kizuna-pub.jp/

編集協力　大畠利恵
ブックデザイン　池上幸一
著者エージェント　アップルシード・エージェンシー
印刷・製本　モリモト印刷

ISBN978-4-86663-053-3

きずな出版